Quinze parties d'échecs et leurs aventures

Mikhaïl Botvinnik

Quinze parties d'échecs et leurs aventures

Traduit de l'anglais par Pascal Golay

HISTOIRE DU JEU D'ÉCHECS

Titre original :
15 Games & Their Stories

Édition en langue anglaise traduite depuis le russe par Jim Marfia sous le titre *15 Games & Their Stories* et éditée par les Éditions Chess Enterprises, Inc., Coraopolis, Pennsylvania, 1982.

© 2021 Botvinnik, Mikhaïl
Édition : BoD – Books on Demand, 12/14 rond-point des Champs-Élysées, 75008 Paris, France
Impression : BoD – Books on Demand, Norderstedt, Allemagne
ISBN : 978-2-322-40086-7
Dépôt légal : novembre 2021

Portrait de Mikhaïl Botvinnik au 37ᵉ Hastings International Chess Congress en 1961.

SOMMAIRE

PRÉFACE POUR CETTE ÉDITION	9
PRÉFACE DE L'AUTEUR	11
PARTIE N° 1 : RENCONTRE AVEC LE CHAMPION DU MONDE	13
J. R. Capablanca – M. Botvinnik, Léningrad 1925	*13*
PARTIE N° 2 : LA FARCE	19
M. Botvinnik – I. Rokhline, Léningrad 1927	*19*
PARTIE N° 3 : UNE PARTIE INSOLITE	27
M. Botvinnik – V. Sozine, Novgorod juillet 1929	*27*
PARTIE N° 4 : UNE ANNÉE AVANT MON MARIAGE	35
M. Botvinnik – S. Belavenets, Léningrad mai 1934	*35*
PARTIE N° 5 : UNE POSITION HISTORIQUE	41
M. Botvinnik – J. R. Capablanca, Rotterdam novembre 1938	*41*
PARTIE N° 6 : UNE RENCONTRE CAPITALE	53
M. Botvinnik – M. Euwe, Groningue août 1946	*53*
PARTIE N° 7 : UN MATCH DIFFICILE	63
S. Reshevsky – M. Botvinnik, Moscou septembre 1946	*63*
PARTIE N° 8 : LA PROPHÉTIE	73
M. Botvinnik – P. Kérès, La Haye mars 1948	*73*
PARTIE N° 9 : PRÉPARATION MAISON	79
M. Botvinnik – M. Euwe, Moscou avril 1948	*79*

PARTIE N° 10 : LE PION MIRACULEUX   87
   M. Botvinnik – M. Euwe, Moscou mai 1948   87
PARTIE N° 11 : LES ÉLÉMENTS DÉCHAÎNÉS   91
   M. Botvinnik – D. Bronstein, Moscou mars 1951   91
PARTIE N° 12 : ANALYSE À DOMICILE   99
   L. Szabó – M. Botvinnik, Moscou avril 1952   99
PARTIE N° 13 : L'ESPOIR D'UN MIRACLE   109
   V. Smyslov – M. Botvinnik, Moscou avril 1958   109
PARTIE N° 14 : LA MÉMOIRE D'UN JOUEUR D'ÉCHECS   121
   Y. Aloni – M. Botvinnik, Tel Aviv novembre 1964   121
PARTIE N° 15 : UNE TRISTE HISTOIRE   129
   D. Šahović – M. Botvinnik, Belgrade novembre 1969   129
ANNEXE (PAR L'ÉDITEUR FRANCOPHONE)   135
   1) Concernant la partie n° 4   135
   2) Concernant la partie n° 5   136
   3) Concernant la partie n° 6   137
   4) Concernant la partie n° 7   138
   5) Concernant la partie n° 11   138
   6) Concernant la partie n° 15   139

PRÉFACE POUR CETTE ÉDITION

Est-il besoin de présenter Mikhaïl Botvinnik ? Devenu champion du monde en 1948 en remportant le tournoi organisé à cet effet afin de pallier la vacance du titre créée par la mort d'Alexandre Alekhine, le champion en titre, Mikhaïl Botvinnik marqua profondément l'histoire moderne des échecs. Il fut non seulement le meilleur joueur du monde de 1948 à 1963, mais a aussi et surtout laissé une trace indélébile en tant que pédagogue du jeu d'échecs. Ainsi est-il qualifié de « père de l'École soviétique » du jeu d'échecs, ce qui n'est pas rien sachant l'importance et la suprématie écrasante qu'incarnait l'URSS dans l'univers de ce jeu à cette époque.

Ainsi, Mikhaïl Botvinnik est-il sans conteste une des figures centrales et majeures de l'histoire du jeu d'échecs au XXe siècle.

Auteur prolifique, Mikhaïl Botvinnik a rédigé maints ouvrages dont la qualité est reconnue. Cependant, si beaucoup de ses écrits ont été traduits dans différentes langues, aucun d'eux n'a jamais eu l'honneur d'être publié dans une traduction en français.

C'est ce manque que je m'efforce de commencer à combler en publiant la présente traduction de *15 Games & Their Stories*.

Pascal Golay, Yverdon-les-Bains, octobre 2021

PRÉFACE DE L'AUTEUR

Les livres d'échecs divertissants sont aussi nécessaires que les livres théoriques. Et bien que je n'aie jamais rédigé un livre de la première sorte, le présent ouvrage est en réalité un mélange entre le divertissement et l'analytique.

Le lecteur y trouvera, au travers de mes commentaires de ces quinze parties, des aspects qui demeurent en général occultés derrière les coups bruts écrits sur les feuilles de notation. Il se familiarisera avec ce que vivent les joueurs durant les parties, ainsi qu'avec les histoires drôles (et parfois tristes) qui ont émaillé celles-ci.

Pouchkine a déclaré une fois : « Ce conte est une fiction, mais avec une morale et une leçon que les enfants sages doivent entendre. » Ces parties et leurs aventures peuvent apprendre quelque chose au lecteur au sujet de l'éthique des échecs, et de leur psychologie aussi, tandis qu'il appréciera la qualité des parties et leurs commentaires.

Cela étant dit, l'auteur attend à présent le jugement du lecteur : qu'il soit rigoureux mais juste !

Pour terminer, j'adresse mes remerciements sincères à l'ancien champion du monde par correspondance Jakov Estrine pour son aide lors de l'élaboration de ce livre.

L'auteur, le 20 novembre 1979

PARTIE N° 1 : RENCONTRE AVEC LE CHAMPION DU MONDE

J. R. Capablanca – M. Botvinnik, Léningrad 1925

En juillet 1925, j'ai terminé à égalité à la 3e - 4e place d'un tournoi de qualification constitué des meilleurs joueurs de première catégorie, ce qui m'a permis d'avoir le droit de pouvoir participer à un *Tournoi des villes* offrant la possibilité d'obtenir le titre de maître. J'étais naturellement très impatient que ce tournoi commence, mais mon père refusa que j'y participe en prétextant : « L'année scolaire qui vient est charnière pour toi. Tu auras tout le temps pour des tournois durant le reste de ta vie. » Aujourd'hui, je suis reconnaissant de la décision de mon père, car mon système nerveux à cette époque n'aurait pas été assez robuste pour affronter des expériences aussi éprouvantes. Il est rare que les jeunes joueurs suivent de tels conseils.

Toutefois, ma force de jeu était déjà connue à un tel point que lorsque Capablanca, le champion du monde, profita d'une journée libre lors du tournoi international de Moscou de 1925 pour venir à Léningrad donner une simultanée sur trente échiquiers, Iakov Rokhline, l'organisateur, me réserva l'un des échiquiers.

Il convient d'indiquer ici que ma mère s'opposait à ce que je joue aux échecs. « Que désires-tu, me demandait-elle, devenir Capablanca ou quelque chose comme cela ? » Mais quand elle a su que j'allais vraiment jouer contre Capablanca, elle m'a acheté un nouveau manteau marron pour cette occasion.

Et c'est ainsi que le 20 novembre 1925 je me suis retrouvé dans la salle philharmonique de Léningrad. La petite salle était déjà bondée de spectateurs tandis que la salle principale elle-même, pleine à craquer, était aussi étouffante que des bains publics. Le simple fait de rejoindre ma chaise s'est avéré une tâche difficile. Cependant, les deux joueurs de deuxième catégorie qui partageaient déjà ma chaise ont « gracieusement » accepté que je puisse m'asseoir avec eux. Capablanca n'a probablement pas pu distinguer contre qui il jouait, tout du moins au début, car mon bras seul parvenait à s'extraire de la foule pour jouer les coups.

Mes compagnons ne cessaient de me bombarder de conseils, mais même à 14 ans, j'avais déjà des opinions bien affirmées et j'ai joué mes propres coups.

Le champion du monde paraissait très sûr de lui et était très élégant. Après l'échange des salutations, la simultanée commença...

Capablanca, Jose Raul – Botvinnik, Mikhaïl
Simultanée de Capablanca, Léningrad 20.11.1925
Gambit de la Dame refusé [D51]

1.	d4	d5
2.	c4	e6
3.	♘c3	♘f6
4.	♗g5	♘bd7
5.	e3	♗b4

Le choix de l'ouverture ne devrait pas surprendre. À l'époque, toutes les ouvertures contemporaines – les indiennes, les nimzo-indiennes et les Grünfeld – venaient à peine d'être découvertes. J'ai décidé, plutôt que de jouer la défense dite « orthodoxe » (5...♗e7), de jouer une ligne moins connue qui sera nommée deux ans plus tard « variante westphalienne ».

| 6. | cxd5 | exd5 |
| 7. | ♕b3 | |

Pas le plan le plus fort. Le développement simple – 7.♗d3 pour être précis – est réputé garantir un avantage aux Blancs. Mais Capablanca n'a jamais été très calé concernant la théorie : il n'en avait tout simplement pas besoin.

7.	...	c5
8.	dxc5	

Une autre imprécision qui fait perdre un temps et aussi le contrôle de la case c5 sans raison valable.

8.	...	♛a5
9.	♗xf6	

Dévie le Cavalier de c5. Les Blancs se débarrassent aussi de la menace ...♞e4.

9.	...	♞xf6
10.	0-0-0	

Capablanca ne se permet un tel coup que parce qu'il joue une simultanée ! 10.a3 lui aurait assuré une partie égale. À présent, son Roi va se retrouver en danger.

10.	...	0-0
11.	♞f3	

Assurément les Blancs seraient dans de mauvais draps après 11.♞xd5 ♞xd5 12.♛xd5 ♗e6.

11.	...	♗e6
12.	♞d4	♜ac8
13.	c6	

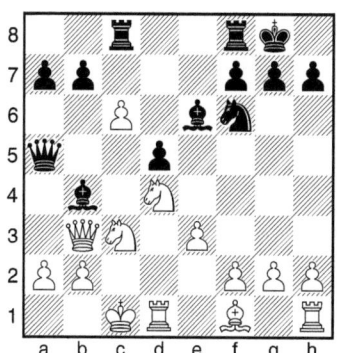

Partie n° 1

Capablanca essaie de garder la colonne c fermée. Il perd déjà du matériel de manière forcée.

  13. ...   ♗xc3
  14. ♕xc3

les Blancs doivent abandonner leur pion a, car 14.bxc3 ♘e4 serait très mauvais pour eux.

  14. ...   ♕xa2
  15. ♗d3   bxc6

Les Noirs ont ainsi déjà un pion de plus. Toutefois leur Dame est autant en danger que celle des Blancs.

  16. ♔c2   c5
  17. ♘xe6

Bien sûr pas 17.♖a1 en raison de 17...cxd4. Mais maintenant 18.♖a1 est une menace désagréable.

  17. ...   ♕a4+!

Les Noirs devaient avoir vu cette possibilité lorsqu'ils ont joué leur 14ᵉ coup. À présent, ils forcent une finale prosaïque avec un pion de plus.

  18. b3   ♕a2+
  19. ♕b2   ♕xb2+
  20. ♔xb2 fxe6
  21. f3

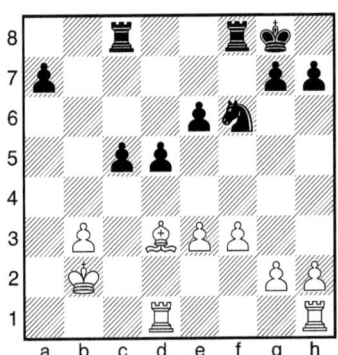

Sinon, 21...♘g4. Le coup suivant des Noirs sécurise à la fois le transfert de la Tour du roi sur la colonne b et l'avance du pion c tout en défendant en même temps le pion a.

| 21. | ... | ♖c7! |

J'ai joué ce coup malgré les protestations énergiques de mes copains.

22.	♖a1	c4
23.	bxc4	dxc4
24.	♗c2	♖b8+
25.	♔c1	

Naturellement pas 25.♔c3 en raison de 25...♘d5+ suivi de 26...b2.

| 25. | ... | ♘d5 |
| 26. | ♖e1 | c3 |

Il n'y a pas de défense satisfaisante contre l'action coordonnée du pion passé très avancé, de la paire de Tours et du Cavalier des Noirs. La menace principale des Noirs est de placer leurs deux Tours sur la 2ᵉ rangée. C'est pourquoi les Blancs conçoivent la contre-manœuvre ♖a1−a3xc3 pour prévenir ...♖b2.

| 27. | ♖a3 | ♘b4 |

À présent la menace est 28...♘xc2 29.♔xc2 ♖b2+.

| 28. | ♖e2 | ♖d8 |

Si la Tour ne peut pas aller en b2, alors peut-être qu'elle peut aller en d2 à la place... Les Blancs sont toujours aussi ligotés qu'auparavant. 29.♗b3 est contré par 29...c2! 30. ♗xc2 ♖dc8.

| 29. | e4 | ♖c6 |

La partie est terminée. À présent que la menace ♖xc3 est écartée, la Tour des Noirs peut avancer sans entrave jusqu'à la deuxième rangée et les Blancs doivent donner leur Fou[1].

30.	♖e3[2]	♖d2
31.	♖exc3[3]	♖xc2+
32.	♖xc2	♖xc2+

Les Blancs abandonnent.

Une partie dont aucun de nous deux n'a à rougir : ni Capablanca qui jouait, rappelons-le, sur trente échiquiers simultanément, ni moi-même qui n'avais appris à jouer que deux ans auparavant.

Une légende est née à propos de cette partie selon laquelle le grand Cubain aurait loué par la suite mon jeu. Rokhline, un témoin oculaire, affirme qu'il aurait dit que j'ai joué aussi bien qu'un champion. Par la suite, Rokhline s'est même souvenu de Capablanca disant : « Confiez ce gamin à Cuba et il deviendra champion du monde ! »

Je n'en crois pas un mot. Capablanca a balayé les pièces de l'échiquier pour signifier son abandon et son expression était tout sauf aimable. Dix ans plus tard, Capa et moi sommes devenus amis.

---

[1] Pas tout de suite 29...♖d2? à cause de 30.♖xc3 et les Blancs pourraient encore se défendre. À présent la Tour en c6 est protégée et ...♖d2 est la menace (note de l'éditeur francophone).

[2] Si 30.♖xa7 ♖d2!-+ (note de l'éditeur francophone).

[3] Si 31.♗d1 c2 32.♔xd2 c1♕+-+. Si 31.♗a4 ♖xg2 32.♖axc3 ♖xc3+ 33.♖xc3 ♘a2+-+. Si 31.♗b3 c2 32.♖e1 ♖xg2-+ (note de l'éditeur francophone).

PARTIE N° 2 : LA FARCE

M. Botvinnik – I. Rokhline, Léningrad 1927

Au cours de l'été 1927, le club d'échecs de la Maison du travail (ou Maison des syndicats) organisa un tournoi en toutes rondes aller et retour avec six très bons joueurs : P. Romanovski, S. Gotthilf, A. Model, I. Rokhline, V. Ragozine, et moi-même.

C'était un événement d'une grande importance pour moi, attendu que le cinquième championnat d'URSS devait avoir lieu cet automne-là et qu'un résultat positif dans ce tournoi inscrirait mon nom sur la liste des participants possibles à ce championnat.

J'ai joué ce tournoi avec beaucoup de brio, ne perdant qu'un seul de mes matchs (contre Piotr A. Romanovski) et gagnant tous les autres. Je me sentais en pleine forme : je logeais dans une datcha située au bord de la rivière Sestra, je passais toute la journée à la plage et prenais le train deux fois par semaine pour me rendre à Léningrad. En résumé, j'étais en excellente santé physique et j'étais parfaitement bien dans ma tête.

Botvinnik, Mikhaïl – Rokhline, Iakov
Tournoi entre six joueurs, Léningrad, juillet 1927
Défense Benoni [E10]

1.	d4	♘f6
2.	c4	e6
3.	♘f3	

À l'époque, j'avais l'habitude d'éviter la défense nimzo-indienne (3.♘c3 ♝b4), considérant ce coup comme un moyen sûr pour les Blancs pour obtenir un petit mais durable avantage.

Partie n° 2

3.	...	c5
4.	d5	exd5

Le coup de Blumenfeld, 4 ...b5, conduit à une partie plus aigüe.

5.	cxd5	b5
6.	a4	

6.♕c2 est bon aussi.

| 6. | ... | ♕a5+ |

Probablement la réplique la plus faible pour les Noirs dans cette position. Cependant, n'ayant pas encore seize ans, je n'avais pas plus de connaissances de la théorie des ouvertures que n'importe quel quidam. Mon adversaire essaie par conséquent de me faire sortir des sentiers battus.

7.	♗d2	b4
8.	e4!	

Profitant de l'absence de la Dame noire en d8 (8...♘xe4 9.♕e2 f5 10.♘g5 ♗a6 11.♕e3 donnerait aux Blancs une attaque dangereuse) pour occuper les cases centrales.

| 8. | ... | ♗e7 |

Les Noirs perdent le fil. Mais après 8...d6 9.♘a3 ♕d8 10.♗b5+ ♗d7 11.♘c4, les Blancs auraient un avantage clair, étant donné que 11...♘xe4 12.♕e2 f5 (ou 12...♕e7 13.0-0) 13.♘g5 donne encore une attaque puissante aux Blancs.

9.	d6	♗d8
10.	e5	♘d5

Partie n° 2

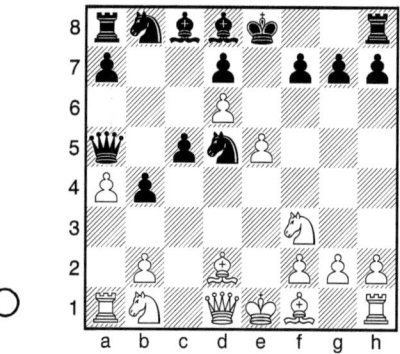

Les Noirs sont déjà en manque d'un bon plan.

11. ♗g5

Ce coup subtil force les Noirs à donner un pion. 11...♗xg5 est mauvais en raison de 12.♕xd5, tout comme 11...♗b7 en raison de 12.♗c4. Et 11...♘b6 est contré par 12.♗xd8 ♔xd8 13.♘g5.

11.	...	b3+
12.	♗d2	♘b4
13.	♕xb3	

Les Blancs ont à présent à la fois un avantage positionnel et matériel.

13.	...	0-0
14.	♘a3	♗a6

Les Noirs parent la menace 15.♘c4, car ils pourraient maintenant prendre le Cavalier.

15. ♗b5!

Menaçant à nouveau 16.♘c4, qui gagnerait cette fois la Dame.

15.	...	♗xb5
16.	axb5	

À présent l'aile dame des Noirs est embouteillée.

Partie n° 2

| 16. | ... | ♛b6 |
| 17. | 0-0 | a5 |

Avec ce coup, les Noirs renforcent la position de leur Cavalier en b4, mais que peuvent-ils faire ensuite du Cavalier en b8 ?

| 18. | ♖ac1 | ♛a7 |

Le pion c5 doit être défendu.

| 19. | ♛c4 | ♝b6 |

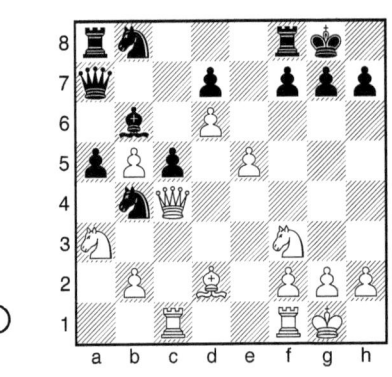

| 20. | ♗g5 |

Le Fou occupe de nouveau cette case, cette fois avec des menaces décisives.

| 20. | ... | ♛b7 |
| 21. | ♖fd1 |

Les Blancs empêchent 21...♛d5.

| 21. | ... | ♖e8 |
| 22. | ♗e7 |

Les Noirs sont en grande difficulté : 23.♘g5 menace.

| 22. | ... | h6 |
| 23. | ♘h4 |

22

Partie n° 2

À présent, il n'y a pas de défense contre 24.♘f5. Les derniers coups furent :

23.	...	♘8c6
24.	bxc6	♘xc6
25.	♕e4	

Empêche 25...♘d4.

25.	...	♕a6
26.	♘f5	♘d4
27.	♖xd4	

Ce Cavalier doit être supprimé pour que les Blancs puissent avoir l'accès à la case g7.

27.	...	cxd4
28.	♘xh6+	

Les Noirs abandonnent.

Aussi bien 28...gxh6 29.♗f6 que 28...♔h8 29.♘xf7+ ♔g8 30.♘g5 conduisent au mat.

« Eh bien, demandera le lecteur perplexe, qu'y a-t-il de si intéressant dans cette partie ? Les Blancs ont bien joué, bien sûr, mais les Noirs... ? »

Eh bien, cette partie est liée à une anecdote amusante.

A. Iline-Jenevski, qui rédigeait la rubrique *échecs* de *La Pravda* à l'époque, ayant entendu parler de ma victoire éclatante sur rien moins que Rokhline « lui-même » (à l'époque l'un des joueurs les plus forts de Léningrad), téléphona a Iakov Rokhline, qui était un de ses amis, en lui demandant de lui dicter les coups de la partie. Rokhline commença par refuser catégoriquement, qualifiant cette partie de « totalement inintéressante ». Mais comme Iline-Jenevski insistait, Rokhline décida de jouer un petit tour à son ami. Il se mit à dicter la « partie » suivante qui parut dans l'espace réservé de la rubrique *échecs* du journal le 4 septembre 1927, avec les commentaires du pauvre Iline-Jenevski.

Partie n° 2

Quel genre de partie a été dictée par Rokhline et quel genre de commentaires a-t-elle suscités ?

Botvinnik, Mikhaïl – Rokhline, Iakov
Défense Benoni [E10]

1.	d4	♘f6
2.	c4	e6
3.	♘f3	c5

Cette variante donne un jeu un peu meilleur aux Blancs.

| 4. | d5 | exd5 |
| 5. | cxd5 | b5 |

Un coup ambitieux, dans l'esprit de la défense Blumenfeld. Le simple 5...d6 suivi de ...♗e7 et de ...0-0 était à la fois plus calme et meilleur.

| 6. | a4! | ♕a5+ |

La Dame est dans une piètre position sur cette case. 6...♗b7! était meilleur.

| 7. | ♗d2 | b4 |
| 8. | e4! | |

L'ouverture de Botvinnik est dynamique et puissante.

| 8. | ... | ♗e7 |

8...♘xe4 aurait été bien sûr contré par 9.♕e2 f5 10.♘g5 ♗a6 11.♕e3 avec une forte attaque.

| 9. | d6 | ♗d8 |

Le pion ne peut pas être pris à cause de la fourchette.

10.	e5	♘d5
11.	♘a3	♗a6
12.	♗b5!	

Partie n° 2

Menaçant de gagner la Dame par ♘c4.

| 12. | ... | ♗xb5 |
| 13. | axb5 | |

C'est bien sûr plus fort que de reprendre avec le Cavalier puisque l'aile dame des Noirs est à présent complètement bloquée.

13.	...	0-0
14.	0-0	♕b6
15.	♕a4!	

Le meilleur ! Ce sacrifice de Cavalier permet aux pièces blanches d'occuper d'excellents postes pour attaquer.

| 15. | ... | bxa3 |
| 16. | ♖xa3 | g6 |

Les Noirs ne savent pas quoi faire. 16...♘c6 était meilleur que ce coup, bien que les Blancs aient aussi une position gagnante après 17.bxc6.

17.	♘g5	h6
18.	♘e4	♔h7
19.	♖h3	

Avec cette Tour sur la colonne h, l'attaque des Blancs est rapidement décisive.

19.	...	h5
20.	g4	h4
21.	♗g5	♔g7
22.	♖xh4	♖h8
23.	♗f6+	♗xf6
24.	exf6+	♔g8
25.	♖xh8+	♔xh8
26.	g5	♘c6
27.	♘xc5!	

Les Noirs abandonnent.

Partie n° 2

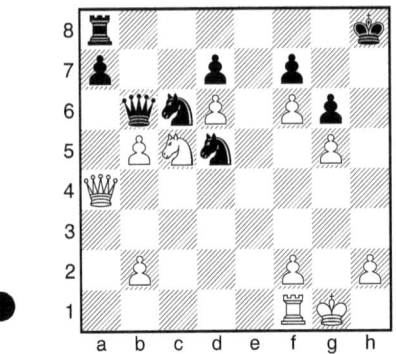

Position finale de la partie fantaisiste

Le lecteur peut facilement constater qu'à partir du 11ᵉ coup blanc, nous n'avons à faire à rien moins qu'à une partie inventée de toutes pièces. Et en réalité, dans la position finale, les Noirs n'ont pas l'obligation d'abandonner, car 27...♘cb4 28.♕b3 ♕xd6 29.♕h3+ ♔g8 30.♘xd7 ♕f4 leur aurait permis d'obtenir le match nul par échec perpétuel.

Ce n'est, malheureusement, pas le seul exemple d'une partie annotée gâchée par la publication de tels commentaires « partisans ».

Cependant, je tiens à dire en conclusion que feu Iline-Jenevski[4] était un fervent promoteur des échecs et un véritable ami, tout comme I. Rokhline qui vit toujours en bonne santé.

---

[4] Le destin d'Alexandre Iline-Jenevski est tout à fait exceptionnel et il joue un rôle de premier plan dans la naissance de « l'École soviétique des échecs ». Saint-Pétersbourgeois exilé à Genève en Suisse avant de retourner en Russie en raison du déclenchement de la Première Guerre mondiale, il modifia son nom initial *Iline* en *Iline-Jenevski*, *Jenevski* étant la forme russe de *Genève*, afin d'éviter d'être confondu avec Lénine qui signait parfois avec le pseudonyme de *Iline* (note de l'éditeur francophone).

Partie n° 3

PARTIE N° 3 : UNE PARTIE INSOLITE

M. Botvinnik – V. Sozine, Novgorod juillet 1929

À la fin de notre première année du cursus électro-mécanique de l'école polytechnique de Léningrad, nous, les étudiants, avons été envoyés dans un camp militaire d'été dans la région de Novgorod. Il y avait de forts joueurs d'échecs parmi les étudiants, ce qui a fait naître l'idée suivante : pourquoi ne pas organiser un match entre une équipe d'étudiants et une équipe de Novgorod ?

Nous avons été chargés à bord d'un camion et conduits en ville. Et c'est ainsi que je me suis retrouvé au premier échiquier face au célèbre maître Sozine. Ce fut une partie insolite : la seule en fait que j'aie jamais jouée en uniforme !

> **Botvinnik, Mikhaïl – Sozine, Veniamine**
> *Novgorod, juillet 1929*
> Défense semi-slave [D46]

1.	d4	d5
2.	c4	c6
3.	♘f3	♘f6
4.	e3	

À l'époque, j'évitais à la fois les variantes complexes découlant de 4.♘c3 et la variante d'échange 4.cxd5.

4.	...	e6
5.	♗d3	♘bd7
6.	0-0	

À cette époque, je craignais la variante de Méran que Sozine connaissait bien. C'est la raison pour la-

Partie n° 3

quelle je n'ai pas joué 6.♘c3. Les Noirs devraient répondre à 6.0-0 simplement en continuant par 6...dxc4 7.♗xc4 ♗d6 suivi de ...0-0 et de ...e6-e5, avec un jeu totalement égal.

6.	...	♗e7
7.	♘c3	0-0
8.	e4	dxe4
9.	♘xe4	b6

À l'époque, ce système avait une bonne réputation pour les Noirs. Dans cette partie, les Blancs réussirent à développer un plan original.

10.	♗f4	♗b7
11.	♘c3!	h6

Sur 11...c5, les Blancs avaient l'intention de continuer par 12.d5 exd5 13.cxd5 ♘xd5 14.♘xd5 ♗xd5 15.♗xh7+ ♔xh7 16.♕xd5. Les Noirs auraient toutefois certainement dû entrer dans cette suite, car après le prochain coup des Blancs, ils ne pourront plus jamais jouer ...c6-c5 à cause de la réplique d4-d5.

12.	♗c2	♖e8
13.	♕d2	♘f8
14.	♖ad1	♗d6
15.	♘e5	♕e7

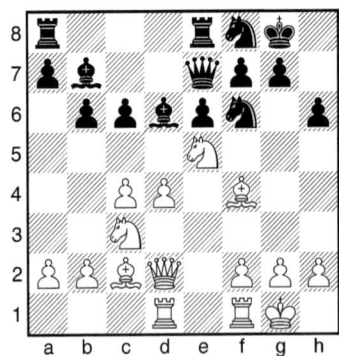

Partie n° 3

16. ♗xh6!

Ce sacrifice est de nature positionnelle. Pour le moment, les Blancs n'obtiennent que deux pions en échange de la pièce, mais la position exposée du Roi noir conjuguée à la capacité des Blancs de pouvoir amener rapidement leurs pièces lourdes à l'aile roi fait qu'il est raisonnable de supposer que l'attaque des Blancs sera irrésistible.

| 16. | ... | gxh6 |
| 17. | ♕xh6 | ♗xe5 |

Les Noirs voient que tôt ou tard ils devront éliminer le Cavalier blanc. Ainsi, ils décident de le prendre tout de suite, dans le but de gagner une possibilité de contre-jeu avec 18...♘g4.

| 18. | dxe5 | ♘g4 |

Pas 18...♘6h7 en raison de 19.♘e4.

| 19. | ♕f4 | f5 |
| 20. | exf6 | |

20.h3 ♘g6 21.♕g3 ♘4xe5 22.f4 ♕g7 aurait permis aux Blancs de récupérer leur matériel. Cependant, en véritable soldat, j'ai décidé de continuer l'attaque.

20.	...	♘xf6
21.	♖d3	e5
22.	♕h6	♘6h7
23.	♖g3+	♔h8
24.	♘e4	♖ad8

Partie n° 3

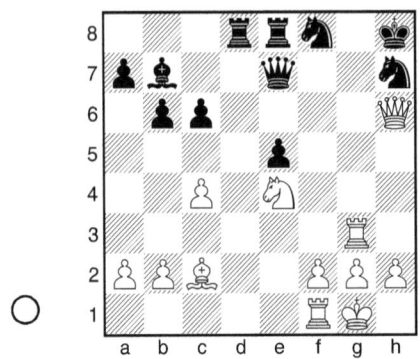

25. ♘g5

25.f4 ! semblait donner aux Blancs toutes les raisons de croire en la victoire. Du fait de la terrible menace 26.f5, les Noirs n'auraient rien eu de mieux que 25...exf4, mais alors 26.♖xf4 et les deux menaces 27.♖fg4 et 27.♘f6 ne peuvent plus être parées. En optant pour 25.♘g5, j'ai omis le 30ᵉ coup des Noirs.

25. ...   ♖d7
26. ♘xh7

Le coup exact dans cette position n'a été trouvé qu'en 1950 et publié par V. Kasparov dans *Chakhmaty v SSSR*, n° 1, 1951. Avec 26.♖h3!, les Blancs auraient conclu avec succès leur attaque contre le Roi noir. Par exemple : 26...♕g7 (si 26...♖d6 alors 27.♕xd6) 27.♕h5 ♖ee7 28.♘xh7 ♘xh7 29.♗xh7 ♕xh7 30.♕f5, et les Blancs doivent gagner. Ou 26...e4 27.♗xe4 ♕g7 28.♕h5 ♖xe4 29.♘xe4, avec un avantage conséquent pour les Blancs.

Manifestement, j'ai négligé une deuxième variante gagnante dans cette partie. Que dire ? La vie dans un camp ne favorise pas l'émergence d'intuitions créatrices.

26. ...   ♘xh7
27. ♗xh7   ♕xh7

Partie n° 3

28.	♕f6+	♖g7
29.	♖d1	

Naturellement pas 29.♖h3? en raison de 29...♕xh3.

29.	...	♗c8
30.	h4	♖eg8

Le meilleur ! Les Noirs menacent à présent de s'emparer de l'initiative avec 31...♕f5. Par conséquent, la continuation de la partie semble être le seul coup pour les Blancs.

31.	♕xe5	♕f5

31...♕xh4 ne marche pas en raison de 32.♖d4 ♕h6 (32...♕e7 perd une pièce après 33.♕xe7) 33.♖d6 ! Le coup de la partie conduit à une position à peu près égale, bien que les Noirs doivent se battre pour obtenir la nulle en raison des trois pions passés liés des Blancs.

32.	♕xf5	♗xf5
33.	♖xg7	♖xg7
34.	f3	♗e6
35.	b3	♔g8
36.	♖d6	♗d7
37.	g4	♔f8
38.	♔f2	♔e7
39.	♖d2	

Les Blancs auraient dû jouer 39.♖d3 ou 39.♖d1, étant donné qu'à présent les Noirs pourraient facilement forcer la nulle en jouant 39...♗xg4 40.fxg4 ♖xg4, et le pion h4 ne peut pas être défendu.

39.	...	a5
40.	♔g3	♗e8
41.	♔f4	♖f7+
42.	♔g3	♔f6
43.	♖e2	♖e7?

Partie n° 3

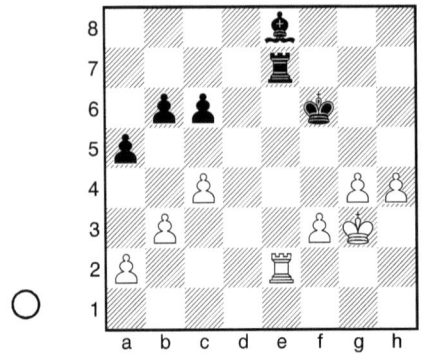

L'échange des Tours est perdant pour les Noirs. En conservant les Tours, ils auraient eu davantage de possibilités de contre-jeu. 43...♗d7 était la continuation appropriée, bien que même dans ce cas les trois pions passés liés demeurent très dangereux.

44.	♖xe7	♔xe7
45.	h5	♔f6
46.	♔f4	b5

Évidemment, les Noirs essaient d'échanger les pions.

47.	cxb5	cxb5
48.	g5+	♔g7

48...♔e6 49.♔g4 ♗d7 50.f4 ♔d5+ 51.♔h4 ♔e4 52.h6! ♗f5 53.♔h5 ne permet pas non plus aux Noirs de se sauver.

49.	h6+	♔g6
50.	♔e5	♗f7
51.	f4	♗g8
52.	♔d6	a4
53.	bxa4	bxa4
54.	a3	

Partie n° 3

Les Noirs se sont assuré de ne pas perdre de pions à l'aile dame, mais maintenant la décision se dessine à l'aile roi.

54. ... ♗h7
55. ♔e7

Après 55.♔e6! ♗g8+ 56.♔e7 ♗h7[5] 57.♔f8, les Blancs auraient gagné facilement.

55. ... ♗g8
56. ♔d6

Les Blancs veulent revenir à la position après le 54ᵉ coup des Noirs, mais mon adversaire est à présent vigilant.

56. ... ♔f5
57. ♔e7 ♔g6

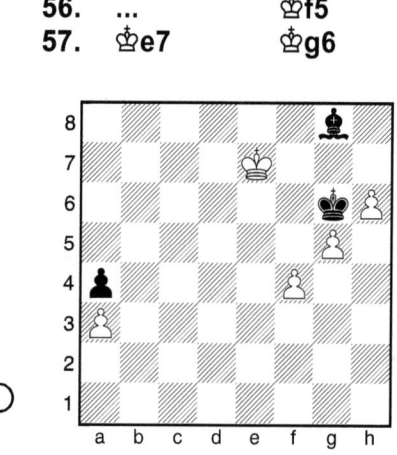

Une position remarquable. Manifestement, les Noirs perdraient s'ils avaient le trait. Les Blancs doivent donc perdent un temps, ce qui peut se réaliser de la manière suivante : 58.♔d7! ♔f5 (si 58...♗h7, alors 59.♔e6 ; ou si 58...♔f7 59.f5 ♗h7, alors 60.g6+ ♗xg6 61.fxg6+ ♔xg6, et les Noirs perdent pour un temps) 59.♔e8!

---

[5] Si 56...♗c4 57.f5+! ♔h7 58.f6 ♗g6 59.h7 ♔xh7 60.f7 ♗xf7 61.♔xf7+- (note de l'éditeur francophone).

♚g6 60.♔e7!, et voilà atteinte la même position avec le trait qui a été donné aux Noirs.

Au lieu de cela, les Blancs provoquent les Noirs à amener leur Fou sur la diagonale b1–h7 en espérant un gain encore plus simple. Cependant, la position atteinte s'avèrera insuffisante pour gagner. Ainsi, il semble que les Blancs aient laissé échapper la victoire à trois reprises dans cette partie.

58.	♔e8	♝e6
59.	♔f8	♝f5
60.	♔e7	♝c2
61.	♔d6	♝d3
62.	♔e6	♝c4+
63.	♔e7	

Ce n'est qu'à présent que les Blancs voient que 63.♔e5 ♝d3 64.f5+ ♝xf5 65.h7 ♚xh7 66.♔xf5 ne conduit qu'à une nulle étant donné que le Roi des Noirs a suffisamment de temps pour atteindre a8. C'est la raison pour laquelle, après quelques coups supplémentaires, la nulle fut convenue.

PARTIE N° 4 : UNE ANNÉE AVANT MON MARIAGE

M. Botvinnik – S. Belavenets, Léningrad mai 1934

Le match entre Léningrad et Moscou de mai 1934 est le plus grand qu'il se soit joué à ce jour : un match aller et retour sur 100 échiquiers organisé par les syndicats. Deux jeunes joueurs étaient appariés au premier échiquier. Alors que j'avais déjà remporté deux fois le championnat d'URSS, Belavenets n'avait pas un tel palmarès, n'ayant même pas encore participé à un seul championnat d'URSS.

Cette partie est devenue célèbre et a fait l'objet d'une analyse exhaustive. Toutefois jusqu'à présent, je n'ai raconté à personne les circonstances dans lesquelles elle a été jouée.

Après avoir joué la première partie du match le 1er mai, je suis allé à l'île Vassilevski afin de rendre visite à mon ami Iakov Rokhline qui avait récemment épousé une jeune soliste du corps de ballet du théâtre de Léningrad, Valentina Lopukhina. Elle avait invité une de ses amies du théâtre, Gayane Davidovna Ananova.

Gayane était séduisante et joviale ; elle m'a tout de suite plu. La question était : est-ce que je lui plaisais aussi ?

Tout s'est bien passé durant la journée, mais lorsque le moment fut venu de la raccompagner chez elle, nous avons constaté qu'il était trop tard et que le pont du lieutenant Schmidt était déjà relevé (encore aujourd'hui, les gros navires ne peuvent remonter la Neva que la nuit). À la place, sous une pluie battante, nous avons réussi de justesse à emprunter le pont Dvortsovy. Je devais avoir une sacrée allure sous cette pluie, mais apparemment cela n'a pas effrayé Gayane : exactement un an plus tard, le 2 mai 1935, nous nous sommes mariés.

J'ai peu dormi cette nuit-là, mais je me suis néanmoins assis devant l'échiquier de très bonne humeur. Peut-être cela se voit-il dans ma partie.

Botvinnik, Mikhaïl – Belavenets, Sergey
Match Léningrad – Moscou, Léningrad mai 1934
Défense semi-slave [D49]

1.	♘f3	d5
2.	c4	c6
3.	d4	

Transpose du début Réti dans la défense slave.

3.	...	♘f6
4.	e3	

Cinq ans après la partie contre Sozine (partie n° 3), je préférais toujours ce coup tranquille.

4.	...	e6
5.	♗d3	♘bd7
6.	♘c3	dxc4
7.	♗xc4	b5

Ainsi est atteinte la variante de Méran que j'avais empêché à Sozine de jouer dans notre partie de 1929.

8.	♗d3	a6
9.	e4	c5
10.	e5	

Aujourd'hui, nous savons que 10.d5 donne le plus de difficultés aux Noirs. Toutefois à cette époque, ce coup n'avait pas été analysé.

10.	...	cxd4
11.	♘xb5	♘xe5

Partie n° 4

C'est Sozine qui a découvert ce coup. Pour 11...axb5, voir la partie n° 9.

12.	♘xe5	axb5
13.	0-0	

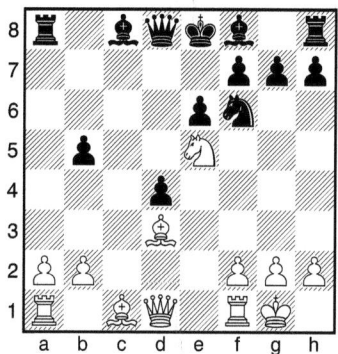

Les Blancs font le choix de l'attaque Rellstab. 13.♕f3 est devenu à la mode un peu après. Toutefois après 13...♗b4+ 14.♔e2 ♖b8 15.♕g3 (15.♘c6, comme dans la 8e partie du match Botvinnik – Bronstein[6] vaut la peine d'être analysé) 15...♕d6 16.♘f3 ♕xg3 17.hxg3 ♗d6! 18.♘xd4 ♗d7, j'ai du mal à comprendre pour quelle raison la position des Noirs devrait être considérée comme inférieure.

Dans la partie Reshevsky – Botvinnik (match URSS – USA, 1955), j'ai répondu à 13.♕f3 par 13...♕a5+ 14.♔e2 ♗d6 15.♕c6+ ♔e7, et après 16.♗d2 b4 17.♕xd6+ ♔xd6 18.♘c4+ ♔d7, la position semble offrir des chances à peu près égales aux deux camps.

Durant les années trente, je pensais que 13.0-0 offrait les meilleures chances aux Blancs.

13.	...	♕d5
14.	♕e2	♖a5

---

[6] Botvinnik fait naturellement référence à son match de championnat du monde de 1951 contre Bronstein (note de l'éditeur francophone).

Partie n° 4

C'était la nouveauté préparée par Belavenets. Mais peut-on vraiment croire réfuter l'attaque Rellstab avec un tel coup !?

15. f4!

Un coup préparatoire nécessaire étant donné que les Noirs peuvent jouer ...b5-b4 en menaçant le Cavalier en e5. Il faut ainsi commencer par défendre ce Cavalier. Simultanément, ce coup permet aux Blancs de défendre g2. Incontestablement, le coup routinier 15.♗g5 suivi de f4 aurait été plus faible, car ce Fou sera nécessaire pour menacer la Tour en a5.

15. ... ♗d6

Les Noirs doivent développer ce Fou immédiatement. 15...♗b7 aurait permis le joli coup 16.a4! bxa4 17.♗d2, et la menace 18.♗b5+ pose aux Noirs des problèmes insolubles.

16. ♗d2 b4
17. a3

Sacrifie temporairement un second pion dans le but d'obtenir une attaque puissante. Les Noirs pourraient se défendre avec succès après 17.♘c4 ♖a7 18.♘b6 ♕b7, tandis qu'à présent la menace 18.♘c4 force les Noirs à prendre en e5 car 17...♖a7 permet au minimum 18.♘c6!

17. ... ♗xe5
18. fxe5 ♕xe5
19. ♕f3

Partie n° 4

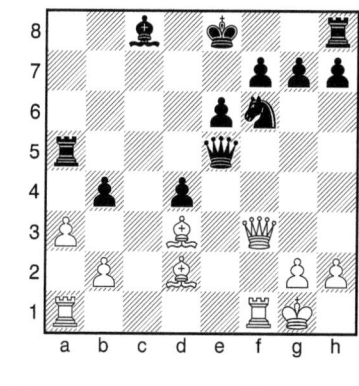

19. ...   ♕d5

La meilleure défense était 19...♖a7 20.♖ae1 (mais pas 20.♕c6+ ♗d7 21.♕b6 ♕c7 22.♕xb4 que les Noirs craignaient, à cause de 22...♘d5 23.♕xd4 0-0) 20...♕d5 21.♕g3 ♗b7 (ou 21...bxa3 22.♖xf6 gxf6 23.♕g7 ♖f8 24.♗b4 ♖e7 25.♖c1 ♗b7 26.bxa3 ♗c6 27.a4) 22.♕b8+ ♔d7 23.♗b5+ ♕xb5 24.♕xa7 ♕d5 25.♖f2, et malgré la qualité en moins pour les Noirs, la partie aurait été loin d'être terminée.

Avec le coup de la partie, les Noirs perdent un temps par rapport à la variante précédente, dans la mesure où 19...♖a7 forçait les Blancs à jouer 20.♖ae1, qui n'est à présent pas nécessaire.

20.   ♕g3   ♖a7

La position noire est sans espoir. 20...♘h5 21.♕c7 0-0 ne les sauve pas non plus en raison de 22.♗xb4. Curieusement, la position des Blancs est si forte à présent que même en donnant un coup à leur adversaire, ils ne seraient pas mieux que dans la variante favorable indiquée dans le commentaire précédent.

21.   ♖xf6   gxf6
22.   ♕g7   ♖f8
23.   ♗xb4   ♖e7
24.   ♖c1   ♗b7

Partie n° 4

**25. ♖c5
Les Noirs abandonnent.**

Il existe une photographie de cette rencontre qui nous montre entourés d'une foule de spectateurs, assis à l'échiquier. Belavenets est penché sur les pièces tandis que je m'étire contre le dossier de la chaise, l'air satisfait et arrogant comme Napoléon observant le champ de bataille. Et je le dis sans ambages : je me sentais deux fois « gagnant » ce jour-là.

Dans les décennies qui ont suivi, mon épouse Gayane a fait tout ce qui était possible pour favoriser mes activités créatrices. Quant à Sergey Belavenets, il est devenu l'un des plus forts maîtres soviétiques et une analyste talentueux. Hélas, il s'est porté volontaire pour aller sur le front et a perdu la vie durant les premiers mois de la guerre.

Botvinnik avec sa femme Gayane et leur fille Olga (photo probablement prise durant le tournoi de Groningue en août 1946).

Partie n° 5

PARTIE N° 5 : UNE POSITION HISTORIQUE

M. Botvinnik – J. R. Capablanca, Rotterdam novembre 1938

Le lecteur sait déjà que Capablanca et moi étions amis malgré la différence d'âge. Cependant, cela n'a pas empêché que toutes nos rencontres sur l'échiquier aient été d'authentiques batailles. En tout, j'ai joué sept parties en tournoi contre Capablanca et le résultat final est l'égalité. La partie ci-dessous, la septième, fut notre dernier affrontement.

Le tournoi AVRO[7] ne s'est pas bien passé pour Capablanca. Il fêta ses cinquante ans durant le tournoi, perdant le jour de son anniversaire contre Alekhine. Ainsi, il n'est pas surprenant que pour tenter d'améliorer son classement dans le tournoi, il ait choisi dans notre confrontation de jouer pour le gain de manière risquée, un style qui n'était pas vraiment le sien.

Botvinnik, Mikhaïl – Capablanca, Jose Raúl
Tournoi AVRO, Rotterdam, novembre 1938
Défense nimzo-indienne [E49]

1.	d4	♘f6
2.	c4	e6
3.	♘c3	♗b4

---

[7] Le tournoi AVRO, du nom du mécène, est considéré comme l'un des plus forts tournois de l'histoire des échecs. Il eut lieu du 4 au 27 novembre 1938 dans différentes villes des Pays-Bas. Il a réuni les huit meilleurs joueurs mondiaux de l'époque : Alekhine, Capablanca, Euwe, Botvinnik, Kérès, Fine, Reshevsky et Flohr. Ce tournoi peut être vu comme une sorte de tournoi des candidats pour désigner le challenger du champion du monde, Alexandre Alekhine. Le tournoi fut gagné par Kérès (note de l'éditeur francophone).

Partie n° 5

4. e3

Certainement pas une manière de jouer qui a pour ambition de réfuter la défense nimzo-indienne. Toutefois, l'expérience a montré qu'il n'y a très probablement aucune réfutation de cette défense. Avec 4.e3, les Blancs cherchent seulement à renforcer leur centre avec l'espoir qu'ils pourront utiliser ce centre fort en milieu de partie.

4. ... d5

Cette suite était à la mode à l'époque, mais la présente partie montra qu'elle présentait des inconvénients certains. Après 4...0-0 ou 4...c5 suivi de 5.a3 ♗xc3+ 6.bxc3, les Blancs pourraient avoir des difficultés avec le pion faible c4. Après le coup de la partie, les Blancs peuvent jouer cette variante car le pion c4 peut s'échanger à n'importe quel moment.

5. a3 ♗xc3+

5...♗e7 6.♘f3 transpose dans une variante du gambit de la Dame refusé avec un coup supplémentaire (a3) pour les Blancs.

6. bxc3 c5

La réponse la plus naturelle. Le plan principal des Blancs est d'arriver à jouer f2-f3 et e3-e4 afin de s'emparer des cases centrales. Ce plan est difficile à réaliser si les Noirs exercent une pression sur d4, ce à quoi contribue le coup 6...c5.

7. cxd5 exd5

Une question complexe : avec quelle pièce les Noirs doivent-ils reprendre en d5 ? Ils décident de reprendre avec le pion afin d'empêcher e4.

8. ♗d3 0-0
9. ♘e2

Partie n° 5

Jusqu'ici, cette partie était semblable à une partie Lilienthal – Ragozine, Moscou 1935, à l'exception près que dans cette partie, le pion f des Blancs était déjà en f3. Le système que les Blancs utilisent dans la présente partie ne les force pas à jouer ce coup engageant, ce qui leur permet d'utiliser le tempo ainsi économisé pour en faire un meilleur usage du point de vue du développement.

La pièce la plus désagréable pour les Noirs est clairement le Fou en d3. C'est pourquoi leurs prochains coups ont pour but de l'échanger.

9. ...   b6
10. 0-0   ♗a6
11. ♗xa6

Peut-être les Blancs auraient-ils dû conserver ce Fou en le retirant en c2, mais alors le Fou des Noirs aurait été bien placé en a6. Si les Blancs veulent échanger les Fous, il vaut mieux le faire de cette manière, ce qui rend plus compliqué pour le Cavalier (qui se retrouve en a6) d'atteindre la case c4, qui est celle qu'il vise.

Il est intéressant de noter que toute cette variante a été testée plusieurs fois après cette partie, avec des réussites pour les deux côtés !

11. ...   ♘xa6
12. ♗b2

Passif. À l'évidence 12.♕d3! est le bon coup forçant les Noirs à répondre 12...♕c8.

12. ...   ♕d7!
13. a4

Il est difficile pour les Blancs de corriger leur erreur au coup précédent. 13.♕d3 permettrait à présent 13...♕a4!, aussi une préparation est-elle nécessaire.

13. ...   ♖fe8

Une erreur étonnante de la part de Capablanca ! La suite 13...cxd4 14.cxd4 ♖fc8 ne semblait pas difficile à trouver, et les Blancs auraient eu des problèmes le long de la colonne c. Les possibilités défensives de Capablanca auraient été suffisantes (quoique...).

14. ♕d3   c4

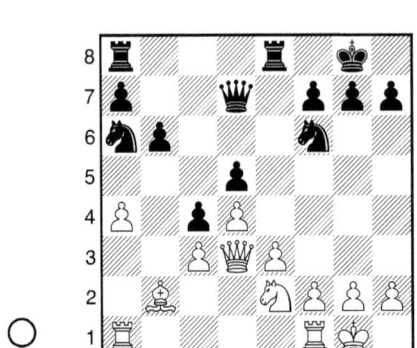

Une erreur positionnelle sérieuse. Manifestement, les Noirs étaient convaincus que les Blancs ne pourraient pas avancer leur pion e3 et que par conséquent leur propre majorité à l'aile dame serait déterminante. Capablanca avait en tête la manœuvre ...♘a6-b8-c6-a5-b3, après laquelle le pion a4 deviendrait difficile à défendre.

La majorité noire à l'aile dame n'a cependant pas grande valeur, alors que le levier blanc e3-e4 acquiert plus de force. Ainsi, les Noirs auraient dû se contenter de la défense modeste 14...♕b7.

15. ♕c2   ♘b8
16. ♖ae1

Psychologiquement compréhensible : les Blancs montrent leur intention de ne pas défendre le pion a. Par souci d'exactitude, il convient de noter que le pion aurait pu être facilement sauvé par 16.♗a3 ♘c6 17.♗b4, avec des chances égales.

Toutefois 16.♘g3 empêchant 16...♘h5 était plus précis.

Partie n° 5

16. ...   ♘c6

Les Noirs pensent à tort que gagner le pion a leur donnera l'avantage. Autrement, ils auraient certainement joué 16...♘h5! prévenant 17.♘g3 (l'échange des Cavaliers n'est pas favorable aux Blancs), ce qui aurait conduit à une partie plus compliquée. Par exemple : 17.h3 f5 18.♗c1 ♘c6 19.f3 ♘a5 20.g4 fxg4 21.hxg4, et le position des Noirs à l'aile roi semble précaire.

17. ♘g3   ♘a5

Une position intéressante : les Noirs n'ont aucun moyen d'empêcher le levier e3-e4. Sur 17...♘e4, les Blancs auraient reculé leur Cavalier en h1(!) suivi de 19.f3.

18. f3   ♘b3
19. e4   ♕xa4

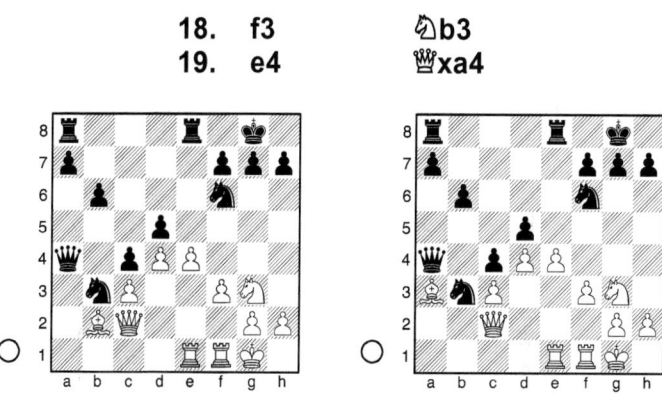

Le diagramme de gauche montre la position de cette partie ; celui de droite présente une position presque identique issue de la partie Botvinnik – Alexander (match par radio URSS – Grande-Bretagne, 1946). La seule différence est que dans le diagramme de droite, le Fou blanc est développé en a3 au lieu d'en b2. C'est à la fois favorable pour les Blancs, étant donné que le Fou est plus actif en a3 qu'en b2, mais aussi défavorable puisque les Blancs doivent perdre du temps pour défendre leur Fou.

La suite de la partie Botvinnik – Alexander fut : 20.♕b2 a5 21.e5 b5 22.♗d6 (22.exf6! b4 23.♕f2 était plus fort) 22...♖e6 23.exf6! ♖xd6 24.fxg7 b4 25.♖e5! ♖e8 26.f4! ♕d7 27.♕e2 ♖de6 28.f5 ♖xe5 29.dxe5 bxc3, et à présent, au lieu de 30.f6 qui aurait permis aux Noirs de répliquer par 30...♘d4!, les Blancs auraient pu obtenir un net avantage avec 30.e6 ou 30.♘h5.

Revenons maintenant à la partie Botvinnik – Capablanca.

| 20. | e5 | ♘d7 |

20...♘c5? perd une pièce après 21.♖e2!

| 21. | ♕f2 |

Nécessaire en raison de la menace 21...♘bc5 qui améliorerait la position du Cavalier noir à l'aile dame. Amener la Dame à l'aile roi fait cependant aussi partie du plan des Blancs. À présent, les Noirs doivent se défendre à la fois contre la manœuvre ♘g3-f5-d6 et contre l'avance du pion f. Leurs pièces sont incapables de se déplacer rapidement pour porter assistance au Roi, tandis que leur pion de plus ne joue qu'un rôle très marginal. La manœuvre de Capablanca qui suit a pour but d'ouvrir la colonne e dans l'espoir que la simplification sera bénéfique aux Noirs.

21.	...	g6
22.	f4	f5
23.	exf6	

La seule manière de continuer l'attaque.

23.	...	♘xf6
24.	f5	♖xe1
25.	♖xe1	♖e8

Tout est forcé après ce coup. Les Noirs défendent indirectement leur Cavalier en f6 (26.fxg6 hxg6 27.♖xe8+ ♘xe8), mais cela s'avère insuffisant. Au lieu de cela, auraient-ils pu sauver la partie en jouant 25...♖f8 ? Je ne le crois pas. Voici quelques variantes :

1) 26.♕f4! ♕a2 27.fxg6! ♕xb2 (si 27...hxg6, alors 28.♕g5) 28.g7 ♔xg7 29.♘f5+ ♔h8 30.♕d6 (A. Fedorov dans *Chakhmaty v SSSR*, n° 12, 1953), et si 30...♖f7, alors 31.♕xf6+, et 30...♔g8 est réfuté par 31.♕g3+.

2) 26.♕f4 ♕d7 27.♖e6 ♘a5 (ou 27...♘e4 28.♕e5 ♘xg3 29.♖e7) 28.♗a3 ♖f7 29.♕g5!

26. ♖e6! ♖xe6

Le seul coup, car 26...♔f7 27.♖xf6+ ♔xf6 28.fxg6+ ♔xg6 (28...♔e7 29.♕f7+ ♔d8 30.g7) 29.♕f5+ ♔g7 30.♘h5+ ♔h6 31.h4 ♖g8 32.g4 ♕c6 33.♗a3! conduit à un mat immédiat. Maintenant, les Blancs obtiennent un pion puissant en e6.

27. fxe6 ♔g7
28. ♕f4 ♕e8

28...♕a2 ne marche pas en raison de 29.♘f5+ gxf5 30.♕g5+ ♔f8 31.♕xf6+ suivi d'un mat en deux coups.

29. ♕e5 ♕e7

Les Noirs tombent dans le piège tendu par les Blancs, mais il n'y avait pas d'alternative à ce coup. Par exemple après 29...♘a5 30.♗c1! menaçant à la fois 31.♗h6+ et 31.♕c7+ suivi de 32.♗h6, les Noirs seraient forcés de jouer de toute façon 30...♕e7 et les Blancs pourraient effectuer la même combinaison que dans la partie.

Partie n° 5

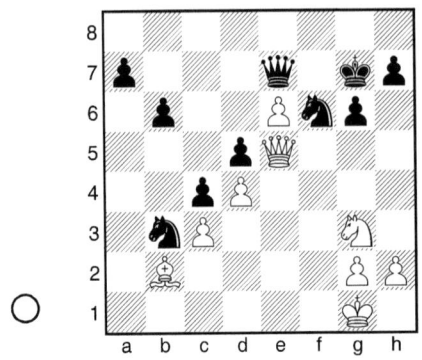

30. ♗a3!

La position du diagramme est entrée dans l'histoire des échecs. Les spectateurs ont salué la combinaison des Blancs avec des applaudissements ; c'est la seule fois qu'un joueur étranger a été applaudi durant le tournoi AVRO. En 1954, durant l'Olympiade d'échecs à Amsterdam, un boulanger joueur d'échecs a exposé dans la vitrine de sa boulangerie un gâteau avec cette position. Le destin a toutefois attribué un rôle encore plus important à cette position.

Actuellement, je travaille à la création d'un ordinateur, le programme *Pioneer*, dont le but est d'atteindre le niveau d'un maître d'échecs. En me remémorant ma partie contre Capablanca, je me suis toujours demandé, non sans un certain malaise, si *Pioneer* serait un jour capable d'analyser cette position comme Capablanca et moi l'avons fait durant la partie.

Au printemps 1979, un de mes jeunes collègues, le programmeur B. Stilman, fit analyser cette position par *Pioneer*. Le premier coup que proposa *Pioneer* fut malheureusement 30.♘f5+, un coup qui ne m'avait pas du tout traversé l'esprit durant la partie[8].

---

[8] Et de fait, 30.♘f5+ est un mauvais coup qui fait perdre les Blancs (note de l'éditeur francophone).

Aussi, j'ai dû chercher une réponse à la question : « Pourquoi ai-je analysé ♗a3 au lieu de ♘f5 ? » Cela m'a immédiatement fait songer à ce que j'avais écrit dans *L'algorithme du jeu d'échecs* (publié à Moscou par Nauka Publishing, 1968, et dans une édition en langue anglaise titrée *Computer Chess and Long-Range Planning* chez Springer-Verlag, New York 1970) :

> « À mon avis, le processus du jeu d'échecs (et probablement de tout jeu) consiste en une opération d'échange élémentaire. Je définis l'échange élémentaire comme étant l'échange dans lequel (en parlant en termes généraux) s'échangent des valeurs, qu'elles soient matérielles ou positionnelles (« abstraites » ou cumulées). Le but de l'échange élémentaire est d'assurer un profit relatif au moyen de cette transaction de valeurs matérielles ou positionnelles (cumulées). Il n'y a pas d'autres buts et il ne peut y en avoir. »

Dans cette position, la valeur cumulée la plus élevée appartient à la Dame noire, tandis que la valeur cumulée la plus faible des Blancs appartient au Fou en b2 (évidemment, parmi les pièces qu'un maître d'échecs prendrait en considération).

En outre, il convient de savoir que pour effectuer cet échange de valeurs cumulées (par opposition à un échange de valeurs concrètes ou matérielles des pièces), les pièces n'ont pas nécessairement besoin de quitter réellement l'échiquier, elles doivent seulement quitter les cases sur lesquelles elles se trouvent. Ainsi, dans la variante 30.♗a3 ♛xa3, l'échange de valeurs cumulées a augmenté la force des pièces blanches dès lors que la Dame noire a quitté la case e7.

Je me suis alors demandé si ce raisonnement ne pouvait pas être formulé et écrit dans le programme *Pioneer*. Il s'est avéré – oh miracle ! – que presque toutes les routines indispensables pour coder ce raisonnement existaient déjà dans le programme. Afin de vérifier mon hypothèse fondamentale, Stilman l'a formulée en langage basic et a à nouveau fait analyser l'ordinateur. Le 5 juillet 1979 à 14 heures à Moscou, après une courte « réflexion », l'ordinateur a indiqué le premier coup de son analyse : 30.♗a3...

Nous sommes à présent en train de coder plus précisément l'échange des valeurs cumulées dans l'algorithme. Nous espérons que *Pioneer* trouvera les mêmes variantes, et seulement ces mêmes variantes, qui ont traversé la tête de Capablanca et la mienne lorsque nous avons considéré la position du diagramme.

30. ... ♕xa3

Évidemment 30...♕e8 31.♕c7+ ♔g8 32.♗e7 ♘g4 33.♕d7 n'est guère meilleur.

31. ♘h5+! gxh5

31...♔h6 est également mauvais : 32.♘xf6 ♕c1+ 33.♔f2 ♕d2+ 34.♔g3 ♕xc3+ 35.♔h4 ♕xd4+ 36.♘g4+!

32. ♕g5+ ♔f8
33. ♕xf6+ ♔g8

33...♔e8 permet un mat en deux coups.

34. e7

Les Blancs gagnent aussi avec 34.♕f7+ ♔h8 35.e7 ♕c1+ 36.♔f2 ♕d2+ 37.♔g3 ♕xc3+ 38.♔h4 ♕xd4+ 39.♔xh5 ♕e5+ 40.♔g4 ♕e4+ 41.♔h3 ♕e3+ 42.g3 ♕h6+ 43.♔g2 ♕d2+ 44.♕f2, et le pion e fait Dame (indiqué par E. Baum).

34. ... ♕c1+
35. ♔f2 ♕c2+
36. ♔g3 ♕d3+
37. ♔h4 ♕e4+
38. ♔xh5 ♕e2+

Partie n° 5

38...♛g6+ ne permet pas non plus aux Noirs de se sauver : 39.♛xg6+ hxg6+ 40.♚xg6 suivi de e8D mat au prochain coup.

39.	♚h4	♛e4+
40.	g4	

Le plus simple. Une autre variante gagnante était 40.♚h3 h5 41.♛f8+ ♚h7 42.♛f7+ ♚h6 43.♛f6+ ♚h7 44.♛g5 et si 44...♛e2 45.♚h4 ♛f2+, alors 46.♚xh5 ♛e2+ 47.♚h4 ♛f2+ 48.♚g4 ♛xg2+ 49.♚f5 ♛e4+ 50.♚f6, et les Noirs sont sans défense.

40.	...	♛e1+
41.	♚h5	

Les Noirs abandonnent.

Partie Capablanca – Botvinnik lors du 2ᵉ tournoi international de Moscou de 1935.

Partie n° 6

PARTIE N° 6 : UNE RENCONTRE CAPITALE

M. Botvinnik – M. Euwe, Groningue août 1946

Le tournoi international de Groningue occupe une place particulière dans l'histoire des échecs : il s'agit du premier grand tournoi international organisé après la guerre. Tous les joueurs de premier plan espéraient être sélectionnés pour y participer, car il était de notoriété publique que la FIDE choisirait le sixième participant pour le prochain match pour le championnat du monde (dont cinq participants : Euwe, Kérès, Fine, Reshevsky et Botvinnik étaient déjà connus) explicitement en fonction des résultats du tournoi de Groningue.

J'ai eu le privilège de finir premier, Euwe deuxième et Smyslov troisième, devenant ainsi le sixième élu. C'est ainsi que les résultats ont été paisiblement transcrits dans la tabelle du tournoi, mais quelle somme de passions se cachent derrière l'aridité de ces chiffres !

Si le tournoi s'était terminé autrement, le futur aurait pu s'écrire différemment, et pas seulement pour Smyslov. Les joueurs d'échecs hollandais espéraient une victoire de leur héros, Max Euwe, l'ancien champion du monde. Ils estimaient en effet qu'un tel résultat aurait justifié qu'Euwe soit désigné comme champion du monde sans qu'il soit nécessaire d'organiser un tournoi spécifique supplémentaire. Leur argument était qu'étant donné qu'Alekhine, qui avait repris le titre de champion du monde à Euwe lors du match retour de 1937, était décédé, alors si Euwe finissait vainqueur de ce tournoi, il devait à nouveau être désigné champion du monde d'office !

Ainsi, notre partie avait-elle une importance capitale. Elle a attiré une grande foule de spectateurs qui encourageaient tous leur compatriote. Je me suis retrouvé à un cheveu de la « mort », mais la chance m'a souri, et c'est pour cette raison qu'il a finalement été décidé d'organiser un tournoi pour le championnat du monde en 1948[9].

Botvinnik, Mikhaïl – Euwe, Max
Tournoi international de Groningue, août 1946
Gambit de la Dame accepté [D27]

1.	d4	d5
2.	♘f3	♘f6
3.	c4	dxc4
4.	e3	e6
5.	♗xc4	c5
6.	0-0	a6
7.	a4	

Cette ancienne variante, autrefois jouée par Rubinstein, est tombée en désuétude, car aujourd'hui on estime que même en permettant aux Noirs de jouer ...b7-b5, les Blancs conservent un avantage d'ouverture, avec le bénéfice de ne pas concéder l'affaiblissement de la case b4. Toutefois, après 7.a4, la partie demeure également compliquée pour les Noirs.

| 7. | ... | ♘c6 |
| 8. | ♕e2 | ♗e7 |

Un bon système défensif qui a également été utilisé lors du tournoi de Semmering-Baden en 1937. Auparavant, les Noirs prenaient en général au centre : 8...cxd4, mais après 9.♖d1, les Blancs n'ont aucune difficulté à développer leur Fou dame.

Les Noirs répondraient à 9.dxc5 par 9...♘e4.

---

[9] En effet, Botvinnik a gagné le tournoi de Groningue avec 14,5 points et Euwe a fini second avec 14 points. Ainsi, si Euwe avait gagné cette partie au lieu de la nulle, il aurait été le vainqueur du tournoi (note de l'éditeur francophone).

Partie n° 6

9.	♖d1	♛c7
10.	♘c3	

Dans une partie contre Kérès (Léningrad 1941), j'ai joué 10.h3, qui n'est pas un coup nécessaire dans cette position.

10.	...	0-0
11.	b3	

11.dxc5 paraît douteux dans cette position : 11...♗xc5 12.h3 (12.e4 ♘g4!) 12...♘e5 13.♘xe5 ♛xe5, etc. Et si les Blancs préparent dxc5 en jouant d'abord 11.h3, alors les Noirs peuvent jouer 11...♖d8 et à nouveau les Blancs n'ont rien fait de constructif.

11.	...	♗d7
12.	♗b2	♖ac8

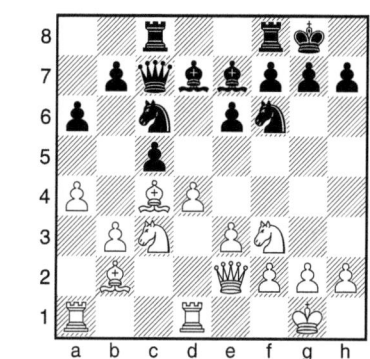

Un coup routinier qui place les Noirs dans une situation critique. La seule façon pour les Noirs d'éviter l'imminence de 13.d4-d5 était de se lancer dans la suite tranchante 12...cxd4 13.exd4 ♘a5 14.♘e5, ce qui leur aurait assuré un contre-jeu réel à l'aile dame.

En revanche, à présent, la colonne c demeure fermée et la prépondérance des Blancs au centre devient très significative.

13.	d5!	exd5
14.	♘xd5	♘xd5

Partie n° 6

15. ♗xd5 ♗g4

Pratiquement le seul coup pour les Noirs, étant donné que 15...♘b4 16.♗e5! n'est pas satisfaisant pour eux. Il est clair que le 12ᵉ coup des Noirs a permis aux Blancs d'obtenir un milieu de partie agréable. Les Noirs sont dans l'incapacité de se renforcer au centre et les Fous des Blancs deviennent menaçants.

16. ♕c4

Pendant la partie, j'ai eu l'impression que 16.h3 ♗h5 17.g4 ♗g6 18.h4 h6 (18...h5 19.♘g5) aurait été plus fort. Toutefois, le coup de la partie est également bon.

16. ... ♗h5
17. ♗xc6

Tout à fait logique étant donné que la variante 17.g4 ♗g6 (17...♘a5 18.♕f1! ♗g6 19.♖ac1 est douteux) 18.h4 h5 aurait donné aux Noirs un bon contre-jeu. Les Blancs abandonnent un de leurs Fous, mais gagnent encore plus d'espace.

17. ... ♕xc6
18. ♘e5 ♕e8!

Euwe se défend très ingénieusement. 19.g4 serait maintenant contré par 19...♗f6 20.♖d5 b5 (ou même 20...♗g6 21.♖xc5 ♖xc5 22.♕xc5 ♗xe5 23.♕xe5 ♕xe5 24.♗xe5 f6) et les Noirs sont tirés d'affaire.

19. ♖d5

Partie n° 6

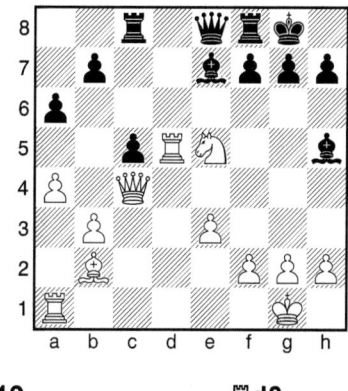

19. ...   ♖d8

Ce coup est trop prudent. Cela aurait dû aggraver la position noire, comme c'est souvent le cas en de pareilles circonstances.

En continuant par 19...b5 (la Dame blanche doit être chassée de sa bonne position), les Noirs auraient pu obtenir un jeu totalement égal. Par exemple :

1) 20.♕c2 20...♖d8 21.♖xd8 ♕xd8.

2) 20.♕f4 ♖d8 (20...♗f6 est possible aussi) 21.♖xd8 ♕xd8.

3) 20.♕c3 f6 21.♘d7 ♕f7! 22.e4 ♖fd8.

À présent avec 20.g4 ♗g6 (20...b5 est maintenant trop tard en raison de 21.♖xd8!) 21.♖ad1 ♖xd5 22.♕xd5 ♕c8 23.♘d7 (23...♖d8 24.♗xg7! ♗c2 25.♗c3 ♗xd1 26.♕e5 f6 27.♕e6+), les Blancs auraient obtenu une partie très supérieure.

Au lieu de cela, les Blancs choisissent de « jouer pour le mat », mais il va leur manquer juste un tempo pour y parvenir. S'emparant de l'initiative, Euwe commence à jouer avec son dynamisme habituel.

**20.   ♘d7   ♖xd7
21.   ♖xh5   ♕d8!**

Si la Tour dame était en f1, les Blancs gagneraient immédiatement dans cette position avec 22.♗xg7 ♔xg7

23.♕g4+ ♚h8 24.♕f5. Malheureusement, la Tour est en a1 et pas en f1, et dans cette variante, les Noirs ont la ressource du mat du couloir par 24...♖d1+. Ainsi, les Blancs sont contraints de perdre un tempo vital.

22.	♖f1	g6!

Très bon. La Tour blanche est à présent hors jeu.

23.	♖h3	♖d1

Les pièces blanches ont perdu leur coordination et Euwe joue dans le but de simplifier. Il ne faut pas oublier que les Noirs possèdent une majorité de trois pions contre deux à l'aile dame, ce qui lui procure un avantage évident en fin de partie.

24.	g4	♖xf1+
25.	♚xf1	b5!

Les Noirs saisissent l'occasion d'avancer ce pion. Les Blancs ne peuvent pas prendre deux fois en raison de l'échec de la Dame en d1.

26.	axb5	axb5
27.	♕f4	f6

Sécurise le Roi. À présent, les Blancs doivent défendre leur pion b3.

28.	e4	♕d1+
29.	♚g2	♗d6

Euwe joue toujours en vue de la finale. Les Noirs ne pouvaient guère espérer davantage. Après par exemple 29...♕c2 30.♗c1 ♖f7 (autrement 31.♖xh7) 31.♖f3, les Blancs conservent l'équilibre.

30.	♕f3	♕xf3+
31.	♖xf3	♗e5
32.	♗xe5	fxe5
33.	♖c3	

Évidemment après 33.♖xf8+ ♚xf8 34.♚f3 g5, les Noirs gagneraient en amenant leur Roi en a5. Les

Partie n° 6

Blancs auraient peut-être pu jouer plus précisément avec 33.♖d3 ♖c8 34.♖d5 c4 35.bxc4 bxc4 36.♔f1 ♔f7! (36...c3 37.♖d1 est nul, car le pion c est perdu) 37.♔e2 ♔e6 38.♖a5, et une nulle aurait été très probable.

33.	...	♖c8
34.	♔f3	♔f7
35.	♔e3	♔e6
36.	f4	

Le début du zeitnot est venu quelque peu gâcher cette phase de la partie. Mais sans cela, nous aurions perdu une finale très instructive ! Le dernier coup des Blancs est faible parce qu'il donne aux Noirs l'accès à la case e5 pour leur Roi. Peut-être que ce coup n'est pas perdant, mais le simple 36.♔d2 allait de soi et les Noirs, malgré leur avantage, n'auraient eu aucun moyen de l'emporter.

36.	...	exf4+
37.	♔xf4	c4
38.	bxc4	

Autrement 38...b4.

38.	...	bxc4
39.	h4	h6

Il peut sembler curieux que ce coup naturel augmente les chances des Blancs d'obtenir la nulle. Après la partie, Flohr proposa 39...♖c5 comme étant plus fort, mais Euwe trouva la belle réplique 40.e5! ♔d5 41.♖e3! ♖c6 (41...c3 42.e6 c2 43.e7 ♖c8 44.♖e1 ♔d6 45.♔g5 ♔d7 46.♖c1 ♔xe7 47.♔h6) 42.h5, et les Blancs conservent de bonnes chances d'obtenir la nulle.

39...♖c6 (indiqué par Levenfish dans *Chakhmaty v SSSR* n° 9, 1950) n'est pas meilleur en raison de 40.h5 ♖c5 41.e5 ♖c6, et à présent pas 42.♔e4 g5 43.♔d4 ♖c8 44.♔e4 ♖c7 45.♔d4 ♖d7+ 46.♔e4 ♖f7 qui permettrait aux Noirs de l'emporter, mais plutôt 42.hxg6 hxg6 43.♔e4 g5 44.♖h3 c3 45.♖h6+ ♔d7 46.♖h7+ ♔e8 47.♖h1 et les Blancs sont assurés d'obtenir la nulle.

40. g5! h5

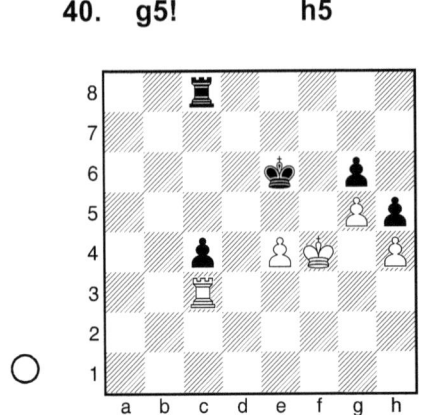

Les Blancs mirent leur coup sous enveloppe dans cette position critique. Je pensais que la partie était perdue pour les Blancs, me rappelant que même Rubinstein avait perdu une position comparable contre Lasker à Saint-Pétersbourg en 1914. Toutefois, lorsque j'ai analysé la position durant l'ajournement, je suis parvenu à trouver une possibilité cachée pour arracher la nulle.

Je ne l'ai évidemment pas trouvée d'emblée. Mon esprit était troublé par le fait que Rubinstein lui-même n'avait pas pu sauver cette finale. Alors que je contemplais désespérément la position, le chef de notre délégation, le maître Veressov, est entré. Il savait que ma position était mauvaise, mais néanmoins il me parla avec confiance : « Mikhaïl Moïsseïevitch, avez-vous trouvé quelque chose ? » J'ai alors regardé à nouveau la position, cette fois sans préjugés. Et – oh quel bonheur ! – j'ai découvert le fin mot de cette finale. Une heure est demie plus tard, la partie reprenait.

41. ♔e3 ♔e5
42. ♖c2!!

Partie n° 6

Le seul coup.

| 42. | ... | c3 |
| 43. | ♔d3 | ♖d8+ |

Mon adversaire a passé du temps à réfléchir avant de jouer ce coup : il devait déjà sentir que la nulle se profilait. Dans la partie Lasker – Rubinstein, il n'y avait pas de pions h (mis à part cela, la position est identique avec les couleurs inversées). Par analogie avec cette partie, les Noirs auraient gagné en jouant 43...♖c7 44.♔e3 ♖h7 suivi de ...♖h7-h3-g3). Les Blancs ne peuvent pas empêcher cette suite, car la finale de pions serait perdue pour eux.

Toutefois dans cette position 43...♖c7 conduit à quelque chose d'assez différent : 44.♖xc3 ♖xc3+ 45.♔xc3 ♔xe4 46.♔c4 ♔f4 47.♔d4 ♔g4 48.♔e5 ♔xh4 49.♔f6 ♔g4 50.♔xg6 h4 51.♔f6 h3 52.g6 h2 53.g7 h1♕ 54.g8♕+, et c'est nul !

| 44. | ♔e3! |

Après 44.♔xc3, les Noirs peuvent encore jouer pour le gain étant donné que le Roi blanc se retrouve coupé des pions de l'aile roi.

44.	...	♖d4
45.	♖xc3	♖xe4+
46.	♔f3	♖xh4
47.	♖c6	

L'ultime finesse. 47.♖c5+ ♔d6 48.♖a5 ♖c4 conduit aussi à la nulle, mais les Blancs seraient alors dans l'obligation de trouver plusieurs coups très précis pour y parvenir.

| 47. | ... | ♖f4+ |

Les Noirs ne peuvent pas défendre leur pion g : 47...♔f5 48.♖c5+ ♔e6 49.♖c6+, et les Blancs font échec ou menace le pion g *ad vitam æternam*.

| 48. | ♔e3 | ♖e4+ |

Partie n° 6

49.	♔f3	♔f5
50.	♖f6+	♔xg5
51.	♖xg6+	

Partie nulle par accord mutuel.

Une nulle de combat ! Les 1500 spectateurs qui suivaient cette partie demeurèrent un moment comme sidérés. N'oublions pas qu'ils pensaient tous au moment de l'ajournement que la victoire d'Euwe ne faisait pas l'ombre d'un doute !

Partie Botvinnik – Euwe, Groningue (10ᵉ ronde), le 24 août 1946 : au moment du match nul.

Partie n° 7

PARTIE N° 7 : UN MATCH DIFFICILE

S. Reshevsky – M. Botvinnik, Moscou septembre 1946

En automne 1945, l'équipe américaine perdit un match radio contre l'équipe soviétique avec la large marge de 15,5 à 4,5. Cette défaite fut comme un éclair dans un ciel bleu, attendu que les Américains avaient remporté quatre fois les Olympiades avant la guerre. Naturellement, les Américains ont imputé leur défaite au fait que le match s'était déroulé par radio. C'est pourquoi ils ont demandé à pouvoir nous défier durant un match en face à face à Moscou une année plus tard.

Ce deuxième match s'est déroulé dans des circonstances très difficiles pour les Soviétiques. Cinq de nos joueurs (Botvinnik, Smyslov, Kotov, Flohr et Boleslavski, soit la moitié de l'équipe) étaient complètement épuisés par le tournoi de Groningue où seuls deux des Américains (Denker et Steiner) avaient joué. Nous venions à peine d'atterrir à Moscou que dès le lendemain ce fut : « Asseyez-vous et jouez ! »

Le grand public s'attendait assez naturellement à une répétition de notre victoire de l'année précédente, ce qui n'a fait qu'accroître le niveau de tension nerveuse. Bien qu'ayant les pièces blanches lors de la première partie, ce n'est qu'après l'ajournement que je suis parvenu à sauver le demi-point contre Reshevsky. Voici la deuxième partie.

Reshevsky, Samuel – Botvinnik, Mikhaïl
Match URSS – USA, Moscou septembre 1946
Défense française [C18]

---

1. d4 e6
2. e4

Partie n° 7

Reshevsky n'a pas joué 2.c4 afin d'éviter la défense hollandaise avec laquelle il ne se sentait manifestement pas à l'aise.

2.	...	d5
3.	♘c3	♗b4
4.	e5	c5
5.	a3	♗a5

Ce coup n'était pas très connu à l'époque. Je l'ai joué pour deux raisons. Premièrement, Reshevsky ne joue habituellement pas e2-e4, ainsi il était facile de supposer sans grand risque de se tromper qu'il avait préparé quelque chose de spécial contre mon inclination connue pour le coup 3...♗b4. Secondement, depuis la partie contre Alexander (match par radio URSS – Grande-Bretagne, 1946), j'avais perdu mon goût pour 5...♗xc3+.

Reshevsky a consommé beaucoup de temps durant l'ouverture, mais le plan qu'il a élaboré est probablement le meilleur dont disposent les Blancs dans cette position. Un avis qu'assez curieusement les théoriciens n'ont partagé que vingt ans plus tard.

6.	♕g4	♘e7
7.	dxc5	♗xc3+
8.	bxc3	♘d7
9.	♕xg7	

Ce coup prématuré n'apportera que des soucis aux Blancs. Dans ce genre de position, le pion e des Blancs a clairement plus de valeur que les pions g et h des Noirs. Il a été montré plus tard que le simple 9.♘f3 procure un avantage aux Blancs dans cette position.

9.	...	♖g8
10.	♕xh7	♘xe5
11.	♗e2	

Nous voyons à présent les conséquences de l'erreur des Blancs au 9ᵉ coup. Au lieu de développer immédiatement leur Cavalier en f3, les Blancs sont obligés de commencer par développer leur Fou sur la case passive e2. Évidemment, les Noirs ne peuvent maintenant pas jouer 11...♖xg2 en raison de 12.♕h8+ suivi de 13.♕xe5.

11.	...	♕a5
12.	♗d2	♕xc5
13.	♘f3	♘xf3+
14.	♗xf3	e5

Clairement, les difficultés d'ouverture des Noirs font désormais partie du passé. Leurs pions contrôlent le centre et une fois qu'ils auront développé leur Fou dame et effectué le grand roque, ils pourront commencer l'attaque décisive. Les Blancs essaient vainement d'empêcher cela.

15. ♗h5 ♗f5!

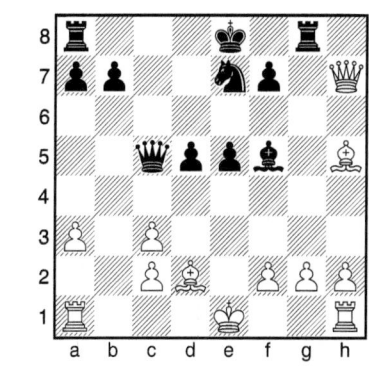

Malgré tout ! 15...♗e6 16.0-0 0-0-0 17.♗xf7 laisserait les Blancs avec un avantage de deux pions et un Roi dans une position relativement sûre.

16. ♗xf7+

Après 16.♕xf7+ ♔d7, la menace 17...♖af8 serait très désagréable.

| 16. | ... | ♔d7 |
| 17. | ♕h6 | ♖xg2 |

Dans cette position, les Noirs auraient pu troquer une pièce contre trois pions : 17...♖h8 18.♕f6 ♕c6 19.♕xe5 ♖h7.

| 18. | ♖f1 | ♕b6 |

Dans la mesure où la préoccupation principale des Blancs est la position exposée de leur Roi, les Noirs ne devraient pas se presser de transposer en finale. 18...♕c4 était nettement plus fort, et si 19.♖b1 (le meilleur), alors 19...♕e4+ 20.♕e3 b6 et dans cette position, l'échange des Dames n'est pas très favorable pour les Blancs.

| 19. | ♕xb6 | axb6 |
| 20. | 0-0-0 | |

Correct ! Les Blancs rendent le pion dans le but de lier leurs Tours.

20.	...	♖xa3
21.	♔b2	♖a4
22.	♗e3	♗e6
23.	♗xe6+	♔xe6
24.	♗xb6	♖xh2
25.	♖g1	

Les chances de gain des Noirs seraient accrues s'ils pouvaient échanger ne serait-ce qu'une paire de Tours, étant donné que la structure de pions favorise grandement le Cavalier par rapport au Fou. Malheureusement, un tel échange est difficile à réaliser et dans l'intervalle, les Tours blanches sont plutôt actives.

25.	...	♖h6
26.	♖g7	♖g6
27.	♖h7	♘f5

Ce coup n'est fort qu'en apparence. En réalité, le sacrifice du pion b réduit les chances des Noirs. 27...♖c4 était plus logique, et si 28.♗d8 ♘c6 ou 28.♗a5 b5.

| 28. | ♖xb7! | ♘d6 |

29. ♔b3!

Malgré son extrême zeitnot, Reshevsky opte pour la meilleure suite, car à présent la Tour blanche va pouvoir occuper l'importante case c6. Les Noirs auraient pu répliquer à l'immédiat 29.♖c7 par 29...♖g8 menaçant 30...♖b8.

29.	...	♖a8
30.	♖c7	♖b8
31.	♖c6	♔d7
32.	♖c7+	♔e6
33.	♖c6	♖b7

Dans cette position, j'ai refusé la nulle (par répétition de coups), sentant qu'il n'y avait aucun risque que les Noirs perdent en jouant un autre coup. En outre, je savais que j'étais « obligé » de gagner cette partie.

34. c4! dxc4+

Un coup risqué. Les chances auraient été à peu près égales après 34...d4 35.♖h1 (35.c5 ♔d5) 35...♔d7 36.♖c7+ ♖xc7 37.♖h7+ ♔c6 38.♗xc7.

35. ♔b4 ♔e7

Naturellement pas 35...♔d7 en raison de 36.♔c5 et les Noirs perdent une pièce. Après le prochain coup blanc, la menace 37.♔c5 force les Noirs à donner le pion c4. Toutefois, le Roi blanc se retrouve en danger de manière inattendue. Ainsi, peut-être que 36.♖d5 est-il préférable.

36.	♔a5	♔d7
37.	♖xc4	♖e6

À cet instant, j'étais moi-même également en zeitnot, de sorte que les coups restants ont été joués avec les drapeaux de la pendule relevés pour les deux joueurs. Les Noirs auraient pu gagner la qualité en jouant 37...♖g8! forçant 38.♖xd6+.

38.	♔a6	♖b8

Partie n° 7

39.	♖c7+	♔e8
40.	♔a7	

40.♖h1 ♖a8+ 41.♗a7 ♖xa7+ 42.♔xa7 (42.♖xa7 ♘c8+) 42...♘b5+ était la suite correcte, avec un nul probable.

40.	...	♖d8
41.	♖h1	

Reshevsky n'avait plus le temps de noter les coups ni même de les compter. Dans cette position, au 41ᵉ coup, il a commis une gaffe tragique en sauvant sa Tour d1 de la menace ...♘b5(c8)+, mais en oubliant que sa Tour c7 était sous le feu de la même menace[10].

41.	...	♘b5+[11]
42.	♔b7	♘xc7
43.	♗xc7	♖d4!!

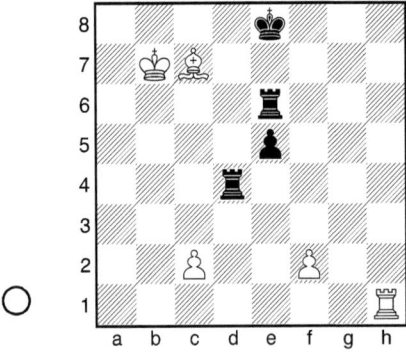

J'ai mis ce coup sous enveloppe avant que la partie ne soit ajournée. Étant donné que personne ne l'a vu, tout le monde a supposé que les Blancs pouvaient faire nul en jouant 44.f4, ce qui provoque soit un échange de

---

[10] 41.♖b1 était le bon coup à jouer, avec une position certainement nulle (note de l'éditeur francophone).

[11] Un coup douteux en fait. Plus fort aurait était 41...♘c8+! forçant 42.♖xc8 ♖xc8 43.♖h8+ ♔d7 44.♖xc8 ♔xc8 45.c4 ♖c6! 46.c5 ♖f6-+ (note de l'éditeur francophone).

pions pour les Blancs soit leur procure un second pion passé. Avec ce coup, les Noirs empêchent aussi bien c2-c4 que f2-f4, évitant ainsi que leur dernier pion soit échangé. Si à présent 44.♖e1, alors 44...♖b4+ 45.♔a7 (45.♔c8 ♖c4) 45...e4. C'est pourquoi les Blancs défendent la case b4, mais alors leur Fou est obligé d'abandonner la défense du Roi.

44.	c3	♖c4
45.	♗a5	♔d7
46.	♖h8	♖f6

Un coup très fort trouvé durant l'analyse. La pression contre le pion f2 force la Tour blanche à adopter aussi une position passive.

| 47. | ♖d8+ | ♔e7 |
| 48. | ♖d2 | ♖d6! |

Occupant une colonne importante et permettant la participation du Roi à l'attaque de mat à venir. 49.♗b4 est maintenant impossible en raison de 49...♖xb4+, et si 49.♖e2, alors 49...♖d5 50.♗b4+ ♔d7.

| 49. | ♖a2 | ♔d7 |

L'étau se resserre.

| 50. | ♖b2 | ♖c5 |
| 51. | ♗b6 | |

Étant donné que les Blancs seraient dans un réseau de mat après 51.♗b4 ♖c7+[12], ils sont forcés d'abandonner leur pion c3.

51.	...	♖xc3
52.	♖b4	♔e6
53.	♖b2	♖dd3
54.	♖a2	♖d7+

---

[12] Le mat est en effet forcé après 52.♔b8 (ou 52.♔a8 ♖a6+ 53.♔b8 ♖b6+ et on retombe dans la suite principale) 52...♖b6+ 53.♔a8 ♔c8 54.♗c5 ♖a6+ 55.♗a7 ♖axa7 mat (note de l'éditeur francophone).

55.	♔a6	♜b3
56.	♗e3	♜d6+
57.	♔a5	♜d8
58.	♔a6?	

Les Blancs donnent une pièce. Un oubli, mais qui ne change pas le résultat de la partie qui était de toute manière perdue pour les Blancs.

58. ... ♜xe3
Et les Blancs abandonnèrent.

Un combat tendu et intéressant. Mais l'incident le plus important de cette partie ne peut être rédigé dans des commentaires d'échecs.

Autant que je m'en souvienne, Reshevsky a oublié d'appuyer sur sa pendule après avoir joué le coup 38.♔a6. Je me suis assis et j'ai réfléchi à ce que je devais faire. Dans une situation similaire, dix ans auparavant (contre Bogoljubov à Nottingham en 1936), j'avais attiré l'attention de mon adversaire sur son oubli. Mais cette partie contre Reshevsky faisait partie d'un match d'équipe. Avais-je le droit d'être sportif sans consulter d'abord le capitaine de l'équipe ? Et comment aurais-je pu consulter le capitaine de l'équipe avec nos deux drapeaux prêts à tomber ? C'est pourquoi je suis demeuré assis comme un sphinx.

Il existe une photo de cette partie prise exactement à ce moment précis de la partie. Euwe – l'arbitre – est là, tout comme Kérès, Denker et Steiner, mais aucun d'entre eux n'attire l'intention de Reshevsky sur sa pendule. Finalement, il s'est aperçu de lui-même de son oubli et a donné un coup violent sur le bouton de la pendule, mais au 41ᵉ coup il a commis une gaffe et a perdu une qualité.

Encore à présent, je ne suis pas tout à fait certain d'avoir pris la bonne décision. Très probablement qu'il s'agissait du meilleur choix, autrement nous aurions été privés d'une belle analyse. D'un autre côté, si Res-

Partie n° 7

hevsky avait été un peu plus lent avant de s'apercevoir de son oubli, nous n'aurions certainement pas eu non plus cette belle analyse : Euwe aurait dû déclarer sa défaite par perte au temps !

Partie Reshevsky – Botvinnik, match USA vs URSS, Moscou juillet 1955.

Partie n° 8

PARTIE N° 8 : LA PROPHÉTIE

M. Botvinnik – P. Kérès, La Haye mars 1948

Avant le départ des joueurs soviétiques (Botvinnik, Kérès et Smyslov) pour les Pays-Bas, un conflit a malheureusement éclaté, entraînant de vives disputes concernant le planning de la moitié néerlandaise du tournoi. Les rondes avaient été programmées sans tenir compte des exigences élémentaires d'un événement sportif. Un tournoi doit être organisé de manière à permettre à ses participants de s'acclimater à un rythme de jeu défini. C'est une condition *sine qua non* pour que des performances exceptionnelles puissent avoir lieu.

Les organisateurs néerlandais ont estimé que cela n'avait que peu d'importance, ne comprenant pas qu'une série de jours libres (en raison de vacances et du fait que le tournoi comptait un nombre impair de joueurs) pouvait perturber le rythme de jeu et décontenancer un joueur.

Lorsque j'ai découvert que l'un des joueurs se retrouverait avec six jours de « repos » consécutifs juste avant la dernière ronde du deuxième tour, j'ai proposé à mes collègues Kérès et Smyslov de rédiger une protestation commune. Hélas, ils ne m'ont pas soutenu ! Je les ai alors prévenus très amicalement : « Attendez seulement quand nous serons à La Haye, l'un de vous aura six jours de repos et perdra comme un enfant le septième jour. » La première partie de ma prophétie s'est réalisée. Après six jours de repos, Kérès s'assit en face à moi, pâle comme la mort, craignant manifestement que la seconde partie de ma prophétie ne s'accomplisse aussi !

Partie n° 8

> **Botvinnik, Mikhaïl – Kérès, Paul**
> *Tournoi du championnat du monde de La Haye / Moscou, 2ᵉ tour, La Haye mars 1948*
> Défense nimzo-indienne [E28]

1.	d4	♘f6
2.	c4	e6
3.	♘c3	♗b4
4.	e3	0-0
5.	a3	♗xc3+
6.	bxc3	♖e8

De nos jours, nous savons que 6...c5 est le plus fort, comme Reshevsky l'a joué contre moi lors du troisième tour de ce même tournoi. Étant donné que le plan des Noirs est la poussée ...e6-e5-e4, les Blancs développent leur Cavalier du roi en e2.

7.	♘e2	e5
8.	♘g3	d6
9.	♗e2	♘bd7

9...c5 serait un coup logique suivi de ...♘c6, mais Kérès appréciait développer ce Cavalier en d7 dans cette ouverture.

10.	0-0	c5
11.	f3!	

Nous comprenons à présent pourquoi le Cavalier est mal placé en d7. Sans la pression sur d4, les Blancs peuvent préparer et jouer e3-e4. Le coup 11.f3 recèle aussi un piège positionnel subtil.

11.	...	cxd4

Partie n° 8

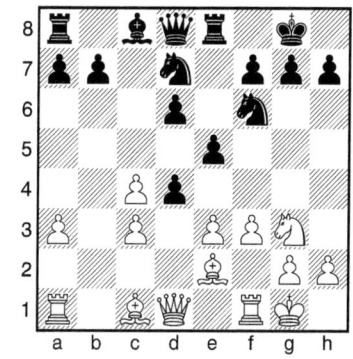

Cela n'est pas un bon choix dans cette position. Ce coup active le Fou blanc en c1 et débarrasse également les Blancs de leurs pions doublés. Kérès échangeait presque toujours les pions c dans la défense nimzo-indienne, mais il n'aurait pas dû le faire dans cette position.

12.	cxd4	♘b6
13.	♗b2	exd4

Les Noirs tombent dans le piège positionnel tendu par les Blancs (cf. commentaire au 11ᵉ coup). Ils s'attendaient évidemment à 14.exd4 d5!. Cependant, les Blancs ont un moyen d'éviter cette suite, lequel leur permet d'exercer une pression dangereuse sur g7.

14.	e4!	♗e6
15.	♖c1	♖e7

Passif. 15...♖c8 16.♕xd4 ♘a4 17.♗a1 ♘c5 était préférable.

| 16. | ♕xd4 | ♕c7 |

Coup imprudent. L'ouverture du jeu qui suit ne peut qu'être en faveur des Blancs qui possèdent une paire de Fous menaçante.

17.	c5	dxc5
18.	♖xc5	♕f4

Partie n° 8

Certains commentateurs ont estimé que 18...♕d8 aurait permis aux Noirs de conserver quelques espoirs. Il me semble difficile de corroborer cet avis, étant donné que 19.♕e3 (19.♕xd8+ ♖xd8 20.♗xf6 gxf6 21.♘h5 est aussi possible) laisse les Blancs dans une position très forte dans laquelle leurs menaces peuvent difficilement être parées.

19. ♗c1   ♕b8
20. ♖g5

Décisif. 20...♘e8 est réfuté par 21.♘h5 f6 22.♘xf6+.

20. ...   ♘bd7

21. ♖xg7+!   ♔xg7
22. ♘h5+   ♔g6

Reculer sur la 8e rangée est également sans espoir[13].

23. ♕e3

---

[13] Par exemple : 22...♔f8 23.♘xf6 ♘xf6 24.♕xf6 ♖d7 25.♕h8+ ♔e7 26.♗g5+ ♔d6 27.♕d4+ ♔c6 28.♖c1+ ♗c4 29.♕xc4+ ♔d6 30.♕d5 mat (note de l'éditeur francophone).

Partie n° 8

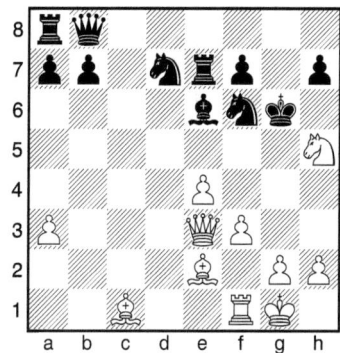

Le coup tranquille qui force le mat.

Avec seulement quelques secondes restantes, Kérès arrêta la pendule. Puis, sans un mot, il signa les feuilles de parties, se leva et partit. Le pauvre Paul songeait probablement moins aux échecs durant cette partie qu'à l'erreur qu'il avait commise avant même de quitter Moscou...

Partie Kérès – Botvinnik lors du 2e Mémorial Tchigorine, Moscou décembre 1947.

Partie n° 9

PARTIE N° 9 : PRÉPARATION MAISON

M. Botvinnik – M. Euwe, Moscou avril 1948

> **Botvinnik, Mikhaïl – Euwe, Max**
> *Tournoi du championnat du monde de La Haye / Moscou, 3ᵉ tour, Moscou avril 1948*
> Défense semi-slave [D49]

1.	d4	d5
2.	♘f3	♘f6
3.	c4	e6
4.	♘c3	c6
5.	e3	♘bd7
6.	♗d3	dxc4
7.	♗xc4	b5
8.	♗d3	a6
9.	e4	c5
10.	e5	

J'ai déjà indiqué (cf. partie n° 4) que 10.d5 constitue la suite la plus dangereuse pour les Noirs. Du reste, c'est ce coup qui a conduit à la disparition de la variante de Méran, la préférée de Rubinstein, dans les tournois.

10.	...	cxd4
11.	♘xb5	axb5
12.	exf6	♕b6

Tandis que nous nous préparions pour le XIᵉ championnat d'URSS au printemps 1939, mon ami Ragozine et moi avons décidé de tester ce coup qui constituait en 1939 une nouveauté dans la variante de Méran, car la théorie de cette époque le considérait comme peu prometteur pour les Noirs.

Partie n° 9

Ordinairement, je jouais la variante que je proposais tandis que Ragozine, en sparring-partner, jouait le côté opposé. Je ne lui ai pas fait part de toutes les nuances de ma préparation dans cette ouverture, non pas parce que je ne lui faisais pas confiance – en tant qu'amis, nous n'avions pas de secrets l'un pour l'autre – mais parce que je voulais garder un effet de surprise contre lui en tant qu'adversaire que je rencontrerais plus tard dans ledit championnat d'URSS.

13. fxg7 ♗xg7
14. 0-0

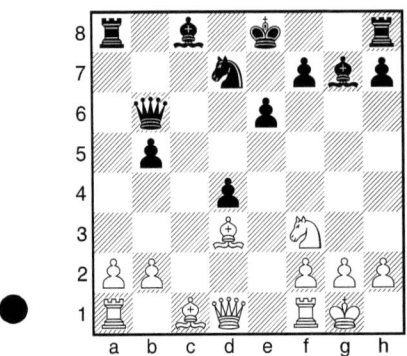

Dans cette position, Ragozine jouait **14...♗a6**. Ce fut le coup qu'il joua habituellement lors de nos parties d'entraînement. Sachant que j'avais des préparations contre les variantes déjà publiées, il essayait de sortir de la théorie, dans le but de mesurer mon degré de confiance lorsque je devais jouer sans pouvoir bénéficier de l'aide d'une préparation spécifique.

14...♘c5 est plus précis. Une manœuvre que les Blancs peuvent empêcher après **14...♗a6**. Voici comment a continué une de ces parties d'entraînement contre Ragozine :

15.b4 0-0 16.♖e1 ♗b7

Une manœuvre nécessaire pour amener le Fou dans une position active.

17.♗f4

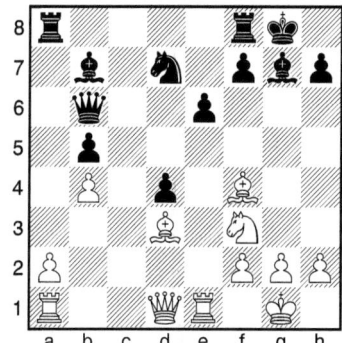

Avec leurs deux derniers coups, les Blancs ont fixé un endroit clé : la case centrale e5. C'est, en fait, toute l'idée de mon plan dans le milieu de partie.

17...f5

C'est le moment crucial de la partie. Si les Noirs avaient le temps de jouer ...♗d5, ils auraient de bonnes perspectives. Mais les Blancs ont le trait et ils lancent une attaque immédiate contre le pion faible e6. Pour ce faire, ils ont besoin d'occuper c4.

18.a4! bxa4 19.♗c4 ♗d5

Si 19...♖fe8, alors 20.♖xe6 ♖xe6 21.♘g5 ♘f8 22.♕h5 ♕c6 23.♗xe6+ ♘xe6 24.♕xh7+ ♔f8 25.♗d6+! (25.♕xf5+ ♔g8 26.♕xe6+ ♕xe6 27.♘xe6 ♗f6 28.♘c5 ♗c6 n'est pas clair) 25...♕xd6 26.♕xf5+ ♔g8 27.♕f7+ ♔h8 28.♘xe6 ♗e5 (ou 28...♖g8 29.♕h5+) 29.♕xb7, qui donne aux Blancs un avantage matériel décisif.

20.♗xd5 exd5 21.♖e7!

La plus forte et peut-être la seule suite. La position noire n'est pas si mauvaise qu'il n'y paraît à première vue. L'aile dame blanche est détruite et bien que les pions noirs centraux soient doublés, ils sont néanmoins forts. L'idée paradoxale des Blancs est de forcer l'échange de leur Tour active contre la Tour passive de l'adversaire dans le but d'attirer le Roi noir en terrain miné.

21...♖f7 22.♖xf7 ♔xf7 23.♕d3

À présent, le pion f est indéfendable et lorsqu'il aura été pris, l'attaque blanche se jouera toute seule. Si 23...♕f6 (ou 23...♕g6), les Blancs jouent 24.♕b5!

23...♘f6 24.♕xf5 a3 25.♗e5 ♖a6 26.♘g5+ ♔g8 27.♖c1 ♕c6 28.♖xc6 ♖xc6 29.g4 et les Noirs abandonnèrent.

Revenons à présent à la partie du tournoi. Jusqu'au 14ᵉ coup des Noirs, elle est identique avec la partie d'entraînement que j'ai jouée contre Ragozine (cf. diagramme après 14.0-0).

Si Euwe avait su à quel point j'étais bien préparé dans cette variante, je doute qu'il ait choisi de la jouer.

14. ...   ♘c5

La suite 14...0-0 15.♖e1 ♗b7 16.♗f4 ♗d5 17.♘e5 ♘xe5 18.♗xe5 ♗xe5 19.♖xe5 f5 semble très douteuse pour les Noirs.

15. ♗f4   ♗b7
16. ♖e1

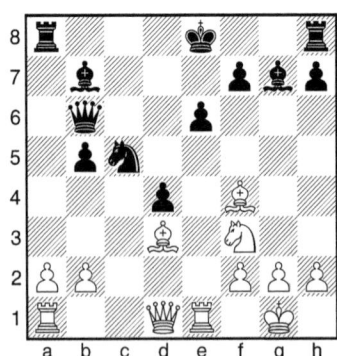

Partie n° 9

16. ...   ♖d8

Les Noirs jouent de manière indécise. 16...♘xd3 17.♕xd3 ♗xf3 18.♕xf3 0-0 était meilleur. Une suite qui a été testée à plusieurs reprises depuis cette partie, avec comme résultat que les Blancs semblent avoir de meilleures chances.

17.   ♖c1   ♖d5
18.   ♗e5

Tout comme dans la partie d'entraînement précitée, les Blancs sont parvenus à mener à bien leur plan, à savoir dominer la case clé e5.

18. ...   ♗xe5

Les analystes ont recommandé 18...0-0 dans cette position, montrant au moyen de variantes complexes que ni 19.♘g5 ni 19.♗xh7+ ne donnaient un avantage aux Blancs.

Toutefois, en réalité, le Roi noir ne serait pas mieux à l'aile roi qu'il ne l'est au centre. Après 18...0-0 19.♗xg7! ♔xg7 20.♘e5, la menace 21.♖xc5! suivi de 22.♕g4+ et 23.♕h5 est très désagréable. 20...♘xd3 21.♕xd3 ♔h8 (21...f6 22.♖c7+! ♕xc7 23.♕g3+) 22.♕f3 f6 23.♕f4 (avec la menace 24.♘g6+) n'offre aucun soulagement aux Noirs. Euwe décide d'essayer de simplifier, mais il oublie une belle pointe tactique.

19.   ♖xe5   ♖xe5
20.   ♘xe5   ♘xd3
21.   ♕xd3   f6
22.   ♕g3!

Partie n° 9

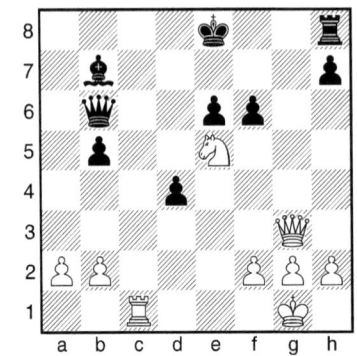

C'est la pointe. Si le Cavalier avait reculé (ce sur quoi les Noirs comptaient depuis leur 18ᵉ coup), les Noirs auraient obtenu l'avantage. Mais à présent, avec les deux pièces lourdes blanches qui pénètrent, les Noirs sont forcés de donner leur Dame pour parer le mat. Prendre le Cavalier est forcé, car 22...♔f8 serait contré par 23.♖c7!

22.	...	fxe5
23.	♕g7	♖f8
24.	♖c7	♕xc7

Ou 24...♕d6 25.♖xb7 d3 26.♖a7 ♕d8 27.♕xh7.

25.	♕xc7	♗d5
26.	♕xe5	d3
27.	♕e3	♗c4

D'autres suites ne sauvent pas non plus les Noirs.

28.	b3	♖f7
29.	f3	♖d7
30.	♕d2	e5
31.	bxc4	bxc4
32.	♔f2	♔f7

Si 32...c3 33.♕xc3 d2, les Blancs continuent par 34.♕c8+ ♔e7 35.♕xd7+ suivi de 36.♔e2.

33.	♔e3	♔e6

Partie n° 9

34. ♕b4   ♖c7
35. ♔d2   ♖c6
36. a4
Les Noirs abandonnent.

Le rôle qu'a joué la préparation analytique précédant cette partie permet de mesurer l'importance du travail de recherche pour un joueur d'échecs qui vise à faire carrière dans cette activité.

Le triomphe du mouvement analytique, qui s'est formé durant les années 30 et 40, est précisément ce qui a permis aux maîtres soviétiques de recevoir les éloges de tous les joueurs d'échecs du monde.

Malheureusement, il faut également noter que pour les maîtres d'échecs actuels ne comptent plus que les considérations pratiques[14].

Partie Botvinnik – Euwe, La Haye (1er tour) mars 1948.

---

[14] À notre époque, l'importance que les ordinateurs ont prise dans la pratique du jeu d'échecs a remis le travail de préparation analytique pleinement au goût du jour. Cependant, ce travail ne s'effectue plus guère par des cerveaux humains, mais bien davantage par ceux de logiciels extrêmement puissants (note de l'éditeur francophone).

PARTIE N° 10 : LE PION MIRACULEUX

M. Botvinnik – M. Euwe, Moscou mai 1948

Avant cette partie avec mon vieil ami et adversaire Max Euwe, j'avais déjà accumulé 12 points sur les 16 possibles, soit 4 points de plus que mon plus proche rival. En d'autres termes, si j'avais dû abandonner le tournoi à ce stade, personne ne pouvait faire mieux que d'égaler mon score lors des quatre dernières rondes !

Tout ce dont j'avais besoin, c'était d'un seul match nul pour être certain de ne plus être rejoint et remporter ainsi le titre de champion du monde.

Botvinnik, Mikhaïl – Euwe, Max
Tournoi du championnat du monde de La Haye / Moscou, 5ᵉ tour, Moscou 9 mai 1948
Gambit de la Dame refusé [D35]

---

1. d4   d5
2. ♘f3   ♘f6
3. c4   e6
4. cxd5

La variante d'échange du gambit de la Dame refusé est le chemin le plus simple vers la nulle.

4. ...   exd5
5. ♘c3   c6
6. ♕c2

6.♗g5 est aussi possible.

6. ...   g6

Partie n° 10

Permet l'échange du Fou dame en f5. Cependant, cela ne conduit qu'à simplifier encore plus par des échanges.

| 7. | ♗g5 | ♗g7 |

7...♗f5 serait prématuré à cause de 8.♕b3 b6 9.e4 dxe4 10.♘e5 ♗e6 11.♗c4, avec une attaque dangereuse.

| 8. | e3 | ♗f5 |
| 9. | ♗d3 | |

À présent 9.♕b3 serait contré par 9...♕b6.

9.	...	♗xd3
10.	♕xd3	0-0
11.	0-0	♘bd7
12.	♘e5	

Les Blancs ne désirent que simplifier encore davantage.

12.	...	♕e8
13.	♘xd7	♕xd7
14.	b4	♖fe8

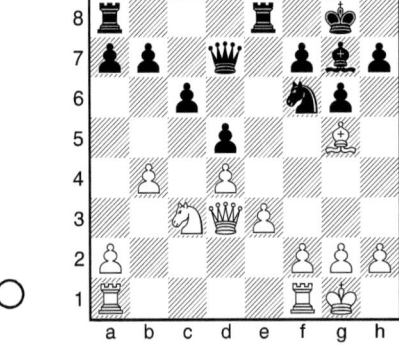

À ce moment de la partie, j'ai senti que je ne pouvais tout simplement plus jouer plus longtemps et j'ai proposé la nulle à mon adversaire. Étant donné qu'Euwe, l'ancien champion du monde, avait un score de tournoi vraiment mauvais à ce moment-là du tournoi, je n'avais aucun doute qu'il accepterait la proposition. Toutefois, à ma grande surprise, Euwe répondit d'une manière inattendue qu'il désirait jouer un plus longtemps.

Cela me mit en colère. Mon esprit de combattant revint immédiatement. « Très bien, ai-je répliqué, continuons à jouer alors. » Euwe a dû sentir le changement de ton, car il me tendit la main en me félicitant d'avoir remporté le tournoi.

Nulle !

L'excitation et le bruit dans la salle étaient indescriptibles. Le jeu sur les autres échiquiers s'interrompit pendant plusieurs minutes tandis que le chef arbitre Milan Vidmar demandait aux spectateurs de se calmer. Pendant ce temps, je suis parti avec mes amis pour célébrer ma victoire.

Ce n'est qu'un peu plus tard que l'équipe de tournage s'aperçut qu'elle n'avait pas réussi à saisir le moment précis où j'ai joué mon dernier coup, 14.b4, le coup qui a apporté à l'Union soviétique le titre de champion du monde. Remarquant que la personne qui s'occupait de reproduire les coups sur le grand échiquier mural, Jakov Estrine, avait la même couleur de costume que le mien, elle lui a demandé de s'assoir devant l'échiquier à la place du nouveau champion du monde. Les téléspectateurs du journal télévisé n'ont jamais su que le « coup historique » b2-b4 a été joué non pas par la main du champion, mais par celle du moniteur de l'échiquier mural !

L'histoire du pion b ne s'arrête pas que là. Élisabeth Bykova le subtilisa et l'emporta chez elle, comme un talisman, avec la conviction que ce pion l'aiderait à devenir championne du monde. Et ce fut le cas !

Et même le jeune moniteur de l'échiquier mural qui a touché ce pion véritablement « miraculeux » devint plus tard champion du monde par correspondance !

PARTIE N° 11 : LES ÉLÉMENTS DÉCHAÎNÉS

M. Botvinnik – D. Bronstein, Moscou mars 1951

Lorsque j'ai joué mon match contre Bronstein, ma forme de jeu laissait assurément beaucoup à désirer. Durant trois ans, pendant que je préparais ma thèse de doctorat concernant les machines électroniques, je n'ai participé à aucun tournoi, alors que Bronstein était probablement l'adversaire le plus fort et le plus intéressant que j'aurais pu affronter à cette époque. Ainsi, mon match contre lui ne fut pas facile, surtout au début.

Après les six premières parties, le score était à égalité : 3 à 3. Le planning prévoyait deux jours de repos consécutifs à ce moment-là du match. Cela m'a incité à aller me reposer dans ma datcha. Ainsi, je suis parti à Nikolina Gora accompagné de ma fille de dix ans. Lorsque nous eûmes atteint la Moskova, nous avons constaté que le pont de bois avait été emporté par la rivière en crue (le pont de pierre définitif n'était pas encore construit à cette époque). Nous avons été forcés d'emprunter le ferry pour rejoindre la rive gauche. Nous avons atteint ma datcha en un peu moins d'une heure.

En fin d'après-midi du jour durant lequel devait se jouer la septième partie, je découvris avec effroi qu'il n'était pas possible de revenir : la rivière avait monté de plusieurs mètres. Courant vers le pont détruit, j'ai rejoint un groupe d'habitants qui observaient les éléments déchaînés. La glace emportait tout sur son passage. Il était évident que je ne pourrais pas aller jouer la partie.

J'ai appelé le comité d'organisation du match pour lui faire part de cette situation et lui demander son aide. Mais quand je suis revenu vers le bord de la Moskova, une sorte de miracle s'était produit : la rivière était libre de glace ; un embâcle s'était constitué plus en amont. Ainsi, j'ai pu sauter immédiatement dans le ferry et rejoindre la rive droite, puis courir prendre le tramway. Et, à l'heure prévue, j'étais assis devant l'échiquier dans la salle Tchaïkovski.

> **Botvinnik, Mikhaïl – Bronstein, David**
> *Championnat du monde, 7ᵉ partie, Moscou mars 1951*
> Défense hollandaise [A94]

1.	d4	d5
2.	c4	e6
3.	♘f3	c6
4.	g3	f5

Transpose dans la défense hollandaise. Ce fut l'une des « astuces » psychologiques de mon adversaire dans ce match : jouer les ouvertures de mon propre répertoire contre moi. Cependant, dans ces positions familières, je me suis senti comme un poisson dans l'eau.

5.	♗g2	♘f6
6.	0-0	♗e7
7.	b3	

Il a été montré une année après que 7.♘bd2 était plus fort, mais le coup de la partie est aussi bon.

| 7. | ... | 0-0 |
| 8. | ♗a3 | b6 |

L'échange des Fous dans cette position (8...♗xa3) ne ferait qu'accélérer la manœuvre des Blancs ♘b1xa3-c2-b4 (ou e1) –d3, comme cela fut joué il y a longtemps dans ma partie contre Ragozine (XIᵉ championnat d'URSS, Léningrad 1939).

| 9. | ♗xe7 | ♕xe7 |
| 10. | ♘e5 | ♗b7 |

Partie n° 11

11. ♘d2   ♘bd7
12. ♘xd7   ♘xd7
13. e3

Si le pion des Noirs était sur f7, la partie serait égale. Mais dans cette position, malgré toutes les simplifications précédentes, les Blancs conservent un petit avantage positionnel précisément parce que ce pion est en f5 : la faiblesse en e5 peut avoir de l'importance.

13. ...   ♖ac8
14. ♖c1   c5
15. ♕e2   ♘f6

Les Noirs ont réussi à sortir toutes leurs pièces, mais la structure des pions blanche procure néanmoins encore un avantage aux Blancs.

16. cxd5   ♗xd5

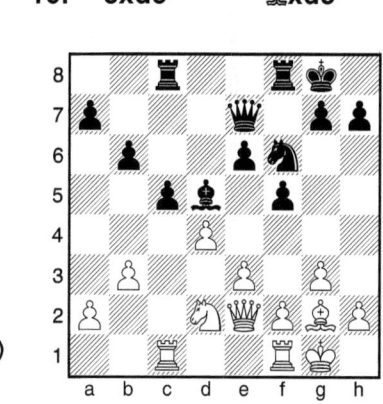

Cela permet aux Noirs d'échanger le Fou qui défend la position du Roi blanc. Cependant, cela se réalise en concédant un affaiblissement de leur propre aile dame.

17. ♗xd5   exd5

Ou 17...♘xd5 18.e4.

18. ♘f3   ♖c7
19. ♖c2   ♖fc8
20. ♖fc1   ♘e4

Partie n° 11

21. ♘e5

Les Blancs n'ont pas besoin de se presser : leur position est un peu meilleure et ils peuvent donc attendre tranquillement que les Noirs se lassent d'un jeu d'attente.

21.	...	♘f6
22.	♕d3	g6
23.	♕a6	♔g7
24.	♕e2	♕d6
25.	a4	

Ce coup semble insensé, mais il a une justification cachée. Si les Noirs jouent plus tard ...c5-c4, ce pion sera difficile à soutenir avec ...b6-b5.

25.	...	♘e8
26.	♕d2	♘f6
27.	♕c3	♘e4
28.	♕d3	cxd4

Étant donné que la position de leur Roi n'est pas sûre, les Noirs ne devraient pas ouvrir la position. Séduit par une possibilité tactique (29.♖xc7+ ♖xc7 30.♖xc7+ ♕xc7 31.♕xd4 ♕c3 qui donne une finale égale), mon adversaire néglige les considérations positionnelles. La meilleure stratégie des Noirs était d'attendre en demeurant sur le qui-vive, mais Bronstein ne pouvait tout simplement pas se contenter d'attendre sans essayer « d'animer » cette partie. De plus, comme aurait-il pu chercher à exploiter autrement le zeitnot blanc naissant ?

À ce propos, la suite proposée par L. Szabó (publiée dans *Chakhmaty v SSSR* N° 6, 1951) : 28...c4 29.bxc4 ♕b4 30.c5 bxc5 31.dxc5 ♖xc5 32.♖xc5 ♖xc5 33.♖b1 ♕xa4 34.♖b7+ ♔g8 conduit à la nulle.

29.	exd4	a5
30.	♔g2	♘f6
31.	♕e2	f4

Partie n° 11

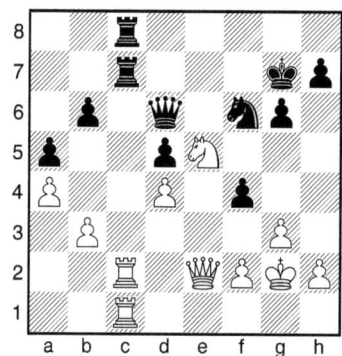

À présent, les « ennuis dus au zeitnot » commencent. Il est amusant qu'aucun de nous deux n'ait remarqué qu'après 32.gxf4 ♖xc2! 33. ♖xc2, 33... ♘h5! permettait aux Noirs de récupérer le pion. Ainsi, les Blancs auraient dû commencer par échanger les deux Tours puis seulement prendre le pion f, ce qui aurait conduit à la même position que celle de la partie.

32.	gxf4	♘h5
33.	♖xc7+	♖xc7
34.	♖xc7+	♕xc7
35.	♕g4	♘f6
36.	♕e6	♘h5
37.	♕d7+!	

Force une finale gagnante.

37.	...	♕xd7
38.	♘xd7	♘xf4+
39.	♔f3	♘d3
40.	♘xb6	♘b4
41.	♔f4	♔f6
42.	♘d7+	♔e7
43.	♘e5	

Partie n° 11

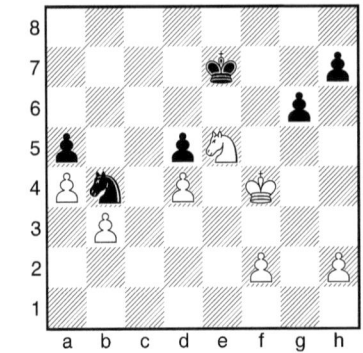

Le plan des Blancs est évident : amener leur Roi en c3 et leur Cavalier en d3 puis pousser b3-b4 qui décidera de la partie. Le seul problème est d'empêcher durant la réalisation de ce plan que le Roi noir vienne attaquer les pions blancs de l'aile roi.

43.	...	♔e6
44.	♔e3	♔f5
45.	f3	g5
46.	♔d2	h5

Si 46...♔f4, les Blancs jouent 47.♘d3+ ♘xd3 48.♔xd3 ♔xf3 49.b4 axb4 50.a5, et le pion a filé à dame.

47.	♘d3	♘a6
48.	♘c5	♘b4
49.	♘d3	♘a6
50.	h3!	

Ce coup empêche l'échange des pions à l'aile roi, étant donné que les Noirs perdraient un second pion après 50...g4 51.hxg4+ hxg4 52.fxg4+ ♔xg4 53.♘e5+ ♔f5 54.♘c6.

50.	...	♘c7
51.	♔e3	

Partie n° 11

L'immédiat 51.♔c3 ♘a6 52.b4 axb4+ 53.♘xb4 ♔f4 54.♘xa6 ♔xf3 55.♘c5 g4 56.hxg4 hxg4 (ou 56...h4 57.g5) 57.♘d3 g3 58.♘e1+ ♔e2 59.♘g2 était également possible, mais les Blancs ne sont pas pressés, attentifs à l'approche du deuxième contrôle de temps.

51.	...	♘a6
52.	♔e2	♔e6

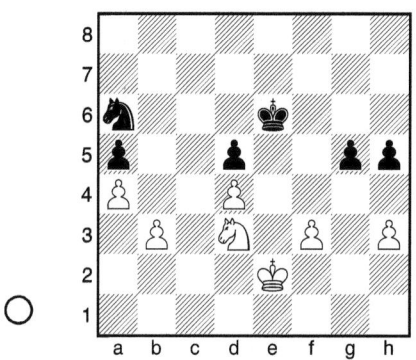

53. ♔d2

Dans cette position, 53.♘c5+ serait mauvais en raison de 53...♘xc5 54.dxc5 ♔d7 55.♔d3 ♔c6 56.♔d4 h4 !

53.	...	♔e7

Reculer le Roi facilite la tâche des Blancs.

54.	♔c3	♔d6
55.	b4	axb4+
56.	♘xb4	♘c7
57.	a5	♘b5+
58.	♔d3	♔e6
59.	♔e3	♘a7
60.	a6	♘b5
61.	♘c6	♘c7
62.	♘b4	♔f5

Ou 62...♘b5 63.♔f2 suivi de ♔g3 et de f3-f4.

Partie n° 11

63.	a7	♔e6
64.	♔f2	h4
65.	f4	gxf4
66.	♔f3	

Les Noirs abandonnent.

Mes nerfs se sont avérés être un peu plus solides dans cette partie. Ce qui m'a probablement aidé, ce sont les heures que j'ai passées à l'air frais au bord de la rivière !

Partie Bronstein – Botvinnik durant leur match de championnat du monde, Moscou 1951.

PARTIE N° 12 : ANALYSE À DOMICILE

L. Szabó – M. Botvinnik, Moscou avril 1952

Un an après mon match contre Bronstein, ma forme n'était toujours pas revenue, comme le tournoi de Budapest, qui a eu lieu au printemps 1952, l'a fâcheusement confirmé. La partie aux nombreux rebondissements suivante contre Szabó contient certes des idées intéressantes, mais aussi quelques erreurs élémentaires.

> **Szabó, Laszlo – Botvinnik, Mikhaïl**
> *Mémorial Maróczy, Budapest mars 1952*
> Défense hollandaise [A94]

1.	d4	e6
2.	c4	f5
3.	g3	♘f6
4.	♗g2	♗e7
5.	♘f3	d5
6.	0-0	0-0
7.	b3	

Un peu plus tard dans le tournoi, Geller a joué le plan le plus approprié contre le même Szabó en commençant par 7.♘bd2.

7.	...	c6
8.	♗a3	♘bd7

C'est plus précis que 8...b6 que Bronstein avait joué contre moi (cf. partie n° 11). À présent, les Noirs peuvent répliquer à 9.♘g5 par 9...♗xa3 10.♘xa3 (10.♘xe6? serait une erreur en raison de 10...♕e7 11.♘xf8 ♘xf8) 10...♕e7.

Partie n° 12

L'avantage de jouer 8...♘bd7 au lieu de 8...b6 est que ce coup contrôle la case e5.

   9. ♕c1   ♘e4

Un coup nécessaire. Si à présent 10.♗xe7 ♕xe7 11.♕a3, les Noirs ont 11...♕f6.

   10. ♘bd2   ♗xa3

Cet échange est tout à fait jouable maintenant que les Blancs n'ont plus la manœuvre ♘xa3-c2-e1-d3, qui est réellement problématique pour le *Stonewall*.

   11. ♕xa3   b6
   12. ♖ac1   ♗b7
   13. ♖fd1   ♕f6
   14. cxd5   exd5
   15. ♘e1   a5

Assurément pas 15...♕xd4? à cause de 16.♘xe4. Le coup de la partie permet à la Tour noire de se libérer de la défense de pion a.

   16. ♘df3

Ce coup permet l'ouverture de la colonne f. Pour cette raison, 16.e3 était préférable.

   16. ...   f4
   17. ♘d3   fxg3
   18. hxg3

À présent, la faiblesse de f2 va retarder l'occupation de e5 par les Blancs. Ainsi, 18.fxg3 aurait été préférable.

   18. ...   ♖ae8
   19. ♖c2   ♕h6
   20. ♕c1   ♕d6
   21. ♗h3   ♖f6
   22. ♔g2

Un coup assez risqué après lequel les Noirs jouent immédiatement dans le but d'ouvrir la diagonale a8–h1.

22. ...　　　　c5
23. ♗xd7

Ce coup permet à Szabó d'occuper e5, mais au prix d'affaiblissements supplémentaires des cases blanches.

23. ...　　　　♛xd7
24. ♘fe5　　　♛d6
25. f4

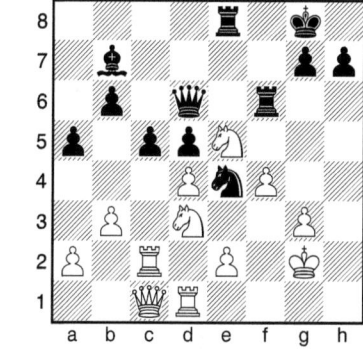

En essayant de faire d'une pierre deux coups, renforcer e5 tout en éliminant les problèmes sur f2, les Blancs commettent une erreur sérieuse.

25. ...　　　　cxd4
26. ♖c7　　　♘c5

À présent, les Blancs doivent donner la qualité.

27. ♖xc5　　　bxc5
28. ♛xc5　　　♛xc5
29. ♘xc5　　　♗a8
30. ♖xd4　　　♖c8
31. ♘cd3

Les Blancs ont certes une compensation pour la qualité, notamment un pion et leurs deux Cavaliers centralisés. Le Fou noir est aussi mal placé. Cependant, les Noirs devraient l'emporter s'ils jouent de manière précise. En premier lieu, le pion a5 aurait dû être défendu avec 31...♖b6 et si 32.♖a4, alors 32...♖b5[15].

31.	...	♖c2
32.	♖a4	♖xe2+
33.	♔f3	♖c2
34.	♖xa5	♖f8
35.	♔e3	d4+

Les Noirs ne sont pas si riches en pions qu'ils puissent se permettre d'en sacrifier un si légèrement. Bien que leur désir de faire jouer le Fou soit compréhensible, il aurait été préférable de jouer d'abord 35...h5 qui menace 36...d4+ 37.♔xd4 ♖g2, avec la création d'un pion passé.

| 36. | ♔xd4 | ♖d8+ |
| 37. | ♔e3 | ♖g2 |

Un coup très faible. 37...♗g2 était le bon coup, avec l'intention de continuer par ...♗g2-f1xd3 pour échanger l'un des Cavaliers.

| 38. | g4 | ♖c2 |

Les manœuvres de la Tour noire donnent une impression très bizarre. Et à présent le Fou commence le même genre de coups.

| 39. | b4 | ♗d5 |
| 40. | a4 | ♗h1 |

À court de temps, les Noirs jouent des coups inutiles. Dans cette position, la manœuvre du Fou indiquée précédemment demeurait d'actualité et aurait permis aux Noirs d'éviter le pire. À présent, la partie des Noirs est quasiment perdue.

---

[15] Le logiciel Stockfish 14 n'est pas d'accord avec cette affirmation et estime que le coup de la partie (31...♖c2) est le meilleur (note de l'éditeur francophone).

Partie n° 12

41. ♖a7!

Le coup sous enveloppe. Les Blancs placent la Tour à une meilleure position pour préparer l'avance de leurs pions passés et, plus important encore, anticipent toutes les difficultés pouvant découler d'une attaque du Cavalier en d3 en ayant à présent dans leur manche la réplique ♖a7-d7.

41. ... ♖a2

La menace ♖a7-d7 est désagréable pour les Noirs. En effet, une simplification des Tours favorise les Blancs, car elle permettrait à leur Roi d'avancer sans encombre vers l'aile dame pour aider leurs pions passés[16]. Par conséquent, ce coup doit être empêché, ne serait-ce que temporairement.

42. b5

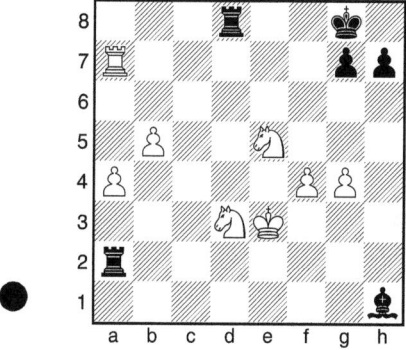

Le premier coup de l'analyse effectuée par les Blancs est une erreur. Les Noirs ont à présent l'opportunité d'une ressource de nulle incroyable.

---

[16] Ainsi, on déduit de ce commentaire et des précédents que le plan de gain des Blancs passe par l'échange d'une des Tours, tandis que les meilleures chances de sauvetage des Noirs sont de conserver les deux Tours, mais de parvenir à échanger leur Fou contre un des Cavaliers blancs (note de l'éditeur francophone).

Partie n° 12

La suite gagnante était vraisemblablement 42.a5!. L'idée est de pouvoir proposer de nouveau l'échange des Tours par ♖d7. Bien sûr, en plaçant les pions passés sur les cases noires, les Noirs ont des chances de pouvoir créer un blocus, néanmoins, tôt ou tard, les pions avanceront.

La variante que Szabó craignait : 42.a5 ♖a3 43.♖d7 ♖xd7 44.♘xd7 ♗c6 45.♘7e5 ♗b5 ne causait guère de difficultés aux Blancs, car après 46.♔d4 ♖b3 47.♘c4! ♔f8 48.♔c5!, les pions blancs ne peuvent pas être arrêtés.

La tâche des Blancs aurait été plus compliquée après 44...♗g2! (au lieu de 44...♗c6) : 45.♘7e5 ♗f1! 46.♔d4 ♔f8 47.♘c5 ♔e7, mais là aussi après 48.♘e4!!, les Noirs seraient dans une situation difficile. Les Blancs menacent de pénétrer avec leur Roi par ♔d4-c5-b6 et 48...♔d8 est mauvais en raison du simple 49.♘g5 et les Noirs perdent un de leurs pions à l'aile roi.

La seule chance des Noirs aurait été de sacrifier leur Fou et leur Tour contre les pions blancs de l'aile dame et de parvenir à échanger tous les pions à l'aile roi. Les Blancs auraient alors dû prendre soin de laisser un pion aux Noirs afin de pouvoir faire mat avec leurs deux Cavaliers (selon Troïtski).

Les Blancs voulant éviter cette « finale ennuyeuse » décident de jouer plutôt dans le but de complexifier. Une mauvaise idée !

42. ... ♖a3

Avec l'intention évidente de gagner le pion a après 43...♖a8! Par conséquent, les Blancs n'ont pas le choix.

43. a5

Partie n° 12

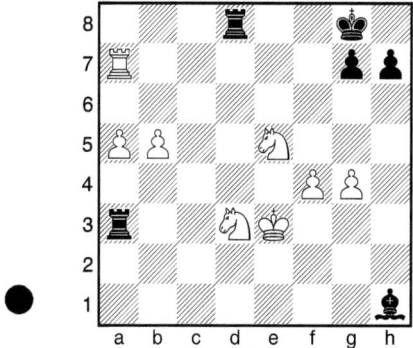

Il semblerait que la partie soit à présent terminée, attendu qu'après quelque chose comme 43...♗g2 44.b6! ♗f1 45.b7! ♗xd3 46.♖a8!!, les Noirs seraient sans défense. Si besoin, le Roi blanc peut se mettre à l'abri des échecs sur la case h4. Et 43...♖a8 44.♖xa8+ ♗xa8 45.♘c4 est également mauvais.

Malgré tout, les Noirs possèdent une belle ressource qui permet de forcer la nulle.

43. ... g5!

Ce coup (et seulement ce coup, pas tous ceux qui ont suivi) est le fruit de l'analyse durant l'ajournement. Le seul coup que les Noirs avaient véritablement analysé de manière très fouillée était 42.a5. Devant l'échiquier, après une longue réflexion, je me suis décidé pour cette variante même si le pion passé f semble très dangereux.

44. f5

La seule chance des Blancs, mais très prometteuse (44.fxg5 serait stérile après 44...♖d5). Toutefois, à présent, la position du Cavalier blanc centralisé n'est plus aussi solide.

44. ... ♖d5

Ainsi, l'un des pions passés liés tombe, mais le Roi des Noirs se retrouve dans une situation périlleuse.

Partie n° 12

45.	♖e7!	♖xb5
46.	f6	♖xe5+

Forcé sinon le pion f va à dame.

47.	♖xe5	♔f7
48.	♖f5!	

Après 48.♖xg5 ♔xf6, la tâche des Noirs serait facilitée : échanger tous les pions de l'aile roi et donner leur Fou contre le pion a.

48.	...	♗b7

Pour préparer le sacrifice final.

49.	♔d2	

49.♔d4 ♖a4+ 50.♔c3 ♖a3+ 51.♔d2 conduit à la même position. Dans cette position, les Noirs auraient pu d'abord repousser le Roi blanc en jouant 49...♖a2+, mais cela n'aurait pas fait de différence.

49.	...	♗c8!

Le pion g est l'atout principal des Blancs !

50.	♘e5+	♔f8
51.	♖xg5	

La position des Noirs semble désespérée en raison de la menace f6-f7...

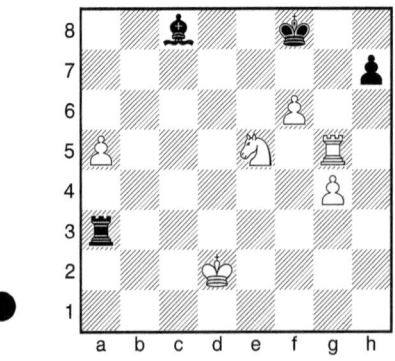

Partie n° 12

| 51. | ... | ♖xa5!! |

Avec ce coup brillant, les Blancs perdent leur dernier pion risquant de se promouvoir et il s'ensuit que la nulle devient inévitable.

52.	♘d7+	♗xd7
53.	♖xa5	♗xg4
54.	♔e3	♗e6
55.	♔f4	♗c4
56.	♖a7	h5
57.	♔g5	h4
58.	♔xh4	♗b3

Cette position est théoriquement nulle et figure dans de nombreux manuels de finale. Cependant, les Blancs désirent éprouver les conclusions de la théorie...

59.	♔g5	♗c4
60.	♖c7	♗a2
61.	♖c1	♗d5
62.	♔f5	♔f7
63.	♔e5	♗b3
64.	♖c7+	♔f8
65.	♖b7	♗c4

Après 66.f7, les Noirs obtiennent la nulle par 66...♔g7 ! Les Blancs essaient à présent de chasser le Fou de la diagonale a2–g8, mais l'échiquier est trop grand pour y parvenir !

| 66. | ♖b4 | ♗a2 |
| 67. | ♔f5 | ♗d5 |

La seule case pour le Fou ! Si 67...♔f7, les Blancs jouent 68.♖b7+ suivi de 69.♔g6.

| 68. | ♔g6 | ♗f7+ |

À nouveau le seul coup !

69.	♔g5	♗d5
70.	♖h4	♗b3
71.	♖h8+	♔f7

Partie n° 12

72.	♖h7+	♔f8
73.	f7	♔e7

À nouveau le seul coup, mais suffisant.

74.	♔g6	♗c4!

Mais pas 74...♗c2+? à cause de 75.♔g7! À présent les Blancs sont bloqués.

75.	♖g7	♗b3
76.	f8♕+	♔xf8
77.	♔f6	♔e8
78.	♖e7+	♔d8

Nulle.

Il n'y avait que quelques dizaines de spectateurs présents lors de la reprise de la partie ajournée, mais ils ont suivi le déroulement dramatique de la partie avec un intérêt soutenu. Et lorsque la nulle fut annoncée, ils applaudirent à tout rompre de concert avec les Hongrois. Ils étaient sans doute déçus par le fait que leur compatriote avait manqué le gain, mais ils étaient encore plus enthousiasmés par la beauté de la vérité échiquéenne qu'ils venaient de découvrir. Le jeu lors de la reprise de cette partie ajournée est fondé sur l'une des meilleures analyses à domicile de ma carrière.

Des années plus tard, cette partie a fait l'objet d'une utilisation inattendue. Capablanca a écrit dans son *Primer of Chess* que dans les fins de parties, le maître d'échecs s'efforce d'atteindre les finales que la théorie évalue en sa faveur. Lorsque nous avons débuté la conception du programme d'échecs *Pioneer*, nous avons étudié et formulé ce principe du jeu des maîtres, qui est à l'œuvre dans le diagramme après le 51e coup des Blancs. *Pioneer* n'est malheureusement pas encore achevé et il n'y a donc pas encore de certitude qu'il fera les mêmes coups que nous les grands maîtres avons trouvés dans notre finale.

Partie n° 13

PARTIE N° 13 : L'ESPOIR D'UN MIRACLE

V. Smyslov – M. Botvinnik, Moscou avril 1958

Nombreux sont ceux qui essayèrent de me convaincre de ne pas jouer le match retour contre Smyslov. En effet, Smyslov avait 37 ans et était au zénith de ses capacités échiquéennes, tandis que j'avais une décennie de plus. Toutefois, lorsque j'ai analysé les parties du match de 1957 durant lequel je lui avais cédé mon titre, il m'apparut clairement que nous étions un peu près de même niveau et que dans le match revanche qui se préparait, le gagnant serait le joueur le mieux préparé.

Je pris d'emblée une avance dans ce match[17] (Smyslov m'avait sous-estimé) de sorte que plus tard, lorsque mon adversaire chercha à combler son retard, je pus jouer pour la nulle en misant sur le fait que Smyslov perdrait de son assurance. Et c'est ce qui arriva. Dans la partie précédent celle-ci (la 14ᵉ), j'avais réussi à convertir en victoire une finale de Tours et pions difficile, ce qui porta mon avance à quatre points. Ainsi, il ne faisait aucun doute que dans la 15ᵉ partie, avec les pièces blanches, Smyslov tenterait le tout pour le tout pour l'emporter.

---

[17] Botvinnik gagna en effet les trois premières parties du match, ensuite le match s'équilibra et se termina après 23 parties sur le score de 12,5 à 10,5 en faveur de Botvinnik, ce qui lui permit de reprendre son titre (note de l'éditeur francophone).

Partie n° 13

> **Smyslov, Vassily – Botvinnik, Mikhaïl**
> *Championnat du monde, 15ᵉ partie, Moscou mars 1958*
> Défense Caro-Kann [B12]

1. e4 c6

La défense Caro-Kann : le choix d'une ouverture solide est une décision judicieuse lorsqu'il s'agit de gérer une belle avance au score.

Smyslov a très bien compris la tactique adoptée par les Noirs durant le match. Dans le but de sortir son adversaire des sentiers battus, il choisit une variante complexe qu'il avait déjà utilisée auparavant. Le seul inconvénient de ce choix est cependant de taille : il donne aux Noirs une partie facile !

2. d4 d5
3. f3 e6

Bien que le coup 3...e6 ne se jouait guère à l'époque, il avait ses partisans. Le plan efficace des Noirs 3...e6 suivi de ...♕b6 et de ...c6-c5 semble avoir été une suggestion de Makogonov (nous avons atteint le niveau de maître en même temps lors du Vᵉ championnat d'URSS en 1927). Après l'introduction de ce plan, la variante a pratiquement disparu. Ce qui rend ce plan attrayant dans cette position, c'est qu'à cause du coup affaiblissant f2-f3, les Noirs n'ont pas à craindre l'isolement de leur pion central d5.

4. ♘c3 ♘f6
5. ♗g5

Une tentative pour détourner les Noirs du plan mentionné dans le commentaire précédent. Le problème est que ce plan est encore plus efficace après 5.♗g5 qu'après 5.♗e3.

5. ... h6
6. ♗h4 ♕b6

Partie n° 13

Les Noirs ne craignent pas l'échange en f6.

7. a3 c5!

Évidemment pas 7...♕xb2? en raison de 8.♘a4. Les Blancs ne peuvent pas prendre en c5 en raison de la diagonale a7–g1 affaiblie et du Cavalier en g1 qui serait en prise. 8.exd5 exd5 laisserait également les Noirs avec un net avantage.

8. ♘ge2

Une décision difficile. À présent, le Fou du roi est enfermé, ce qui procure aux Noirs de nouvelles possibilités.

8. ... ♘c6

Les Blancs ont mis leur Cavalier du roi hors de danger, mais à présent la case f2 ne peut être défendue plus que par le Fou, ce qui signifie que le Cavalier noir en f6 est désormais toujours en sécurité (il ne sera pas pris par le Fou h4). Les Blancs sont contraints d'entreprendre une manœuvre alambiquée pour terminer leur développement.

9. dxc5 ♗xc5
10. ♘a4

À l'évidence, 10.b4 aurait été risqué, laissant les Noirs avec une initiative dangereuse après 10...♗e7 11.♗xf6 ♗xf6 12.exd5 ♘e7.

10. ... ♕a5+
11. ♘ec3

Un coup forcé[18], bien qu'il laisse le Cavalier a4 en rade. Si 11.b4 ♕xa4 12.♘c3 ♗xb4!. Les Blancs perdent néanmoins du matériel.

11. ... ♗e7

---

[18] Si 11.♘ac3, les Noirs peuvent simplement rejouer 11...♕b6 et proposer « un chantage » à la nulle, ce qui est leur objectif en raison de la situation dans le match (note de l'éditeur francophone).

Partie n° 13

12. ♗xf6

Cette tentative de gagner un pion est vigoureusement contrecarrée.

12.	...	♗xf6
13.	exd5	♘d4!

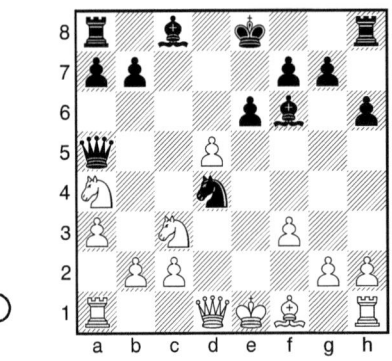

La seule réplique, mais suffisante. Après 14.dxe6 ♗xe6 tout comme après 14.♗c4 exd5 15.♗xd5 ♗f5, les Noirs font le grand roque en créant des menaces dangereuses. Les Blancs prennent une décision raisonnable : rendre le pion afin d'achever leur développement.

14.	♗d3	exd5
15.	0-0	0-0
16.	f4	g6

Empêche 17.♕h5 tout en donnant une case de repli pour le Fou f6.

17.	♕e1	♗g7

Les Blancs menaçaient 18.♘e4.

18.	♔h1	♗d7
19.	b4	

Il n'y a rien d'autre. Toutefois à présent l'aile dame des Blancs est irrémédiablement affaiblie.

Partie n° 13

| 19. | ... | ♛d8 |
| 20. | ♖d1 | |

Des commentateurs ont été étonnés que les Blancs n'aient pas saisi l'occasion de remettre leur Cavalier en jeu par 20.♘c5. La réponse est simple : après 20...♗c8 suivi de 21...b6, le Cavalier n'a pas de bonne case de repli.

20.	...	b6
21.	♛f2	♗e6
22.	♗a6	♛f6
23.	♖d2	♖ad8
24.	♘d1	

Les Blancs se défendent avec pugnacité malgré un zeitnot aigu. Dans cette position, ils protègent la case e3 (que les Noirs menaçaient d'occuper après ...♘f5 suivi de ...d5-d4) tout en remettant en jeu leur Cavalier a4. 24.♖fd1 était plus faible en raison de 24...♘f5 et 25.♘xd5 ♗xd5 26.♖xd5 ♖xd5 27.♖xd5 ne fonctionne pas à cause de 27...♛a1+ 28.♗f1 ♛xa3.

| 24. | ... | ♘f5 |
| 25. | ♘ac3 | d4 |

Fixe les cases faibles e3 et c3. En outre, le Fou en e6 est à présent à nouveau libre.

| 26. | ♘e4 | ♛e7 |
| 27. | ♗d3 | |

Partie n° 13

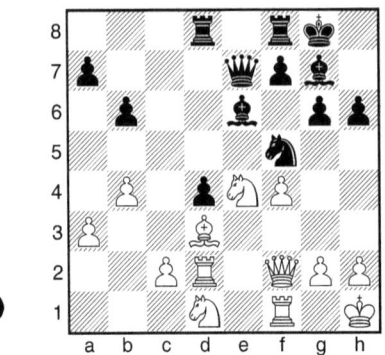

Ce coup conduit à une destruction de l'aile dame. 27.♖e1 ♕c7 (ou 27...♕d7) aurait été meilleur, même si les Blancs n'auraient guère pu espérer défendre à terme toutes les faiblesses de leur aile dame.

	27.	...	a5
	28.	bxa5	bxa5
	29.	a4	♕b4
	30.	♖e2	♗d5

Bien évidemment, les Noirs déclinent la possibilité de gagner un pion par 30...♕xa4 en raison de 31.♘c5 suivi de 32.♘xe6.

| | 31. | ♘g3 |

La dernière chance des Blancs réside dans la menace f4-f5. C'est pourquoi ils proposent l'échange du Cavalier en f5.

	31.	...	♘xg3+
	32.	♕xg3	♖de8

Pour laisser l'autre Tour en protection de f7.

| | 33. | ♖ef2 |

Jouer 33.♖xe8 ♖xe8 34.f5 gxf5 35.♖xf5 ♖e1+ 36.♖f1 ♖xf1+ 37.♔xf1 ♗c6 ne ferait que faciliter la tâche des Noirs.

Partie n° 13

| 33. | ... | ♗f6 |

À présent, 34.f5 serait bien évidemment contré par 34...g5.

| 34. | ♕h3 | ♔g7 |
| 35. | ♗b5 | ♖e1 |

Les échanges commencent à présent : un indice déplaisant pour les Blancs !

| 36. | ♕d3 | ♗e4 |

Des pertes matérielles sont maintenant inévitables pour les Blancs.

| 37. | ♕b3 | ♖xf1+ |
| 38. | ♖xf1 | |

Si 38.♗xf1, alors 38...♕e1.

| 38. | ... | ♕d2 |

Menace mat en g2.

| 39. | ♘f2 | ♗a8 ! |

Les Noirs conservent leur Fou sur sa forte diagonale tout en gagnant le pion f, ce qui permettra d'activer le Fou en f6. Le Roi blanc se trouve à présent dans une situation précaire.

| 40. | ♕d3 | ♕xf4 |
| 41. | h3 | |

Le coup sous enveloppe.

Partie n° 13

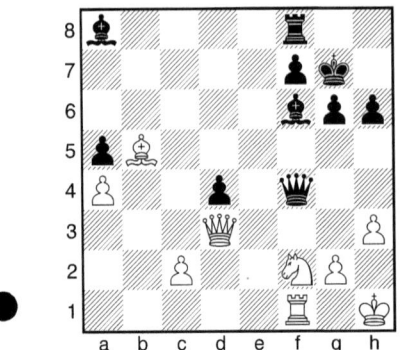

Il est difficile de songer à ce que les Blancs pouvaient espérer en continuant la partie : un miracle très probablement. Et, croyez-le ou non, ce miracle a eu lieu !

Ce « miracle » nécessita les deux conditions suivantes pour se produire :

1) Les Noirs auraient dû analyser soigneusement la position durant l'ajournement au lieu de se perdre dans la multitude des possibilités de gain possibles lors de la reprise et de commettre une erreur de calcul (cf. 44ᵉ coup).

2) Les Noirs devaient... mais attendons ! Que le lecteur fasse preuve d'un peu de patience : dans seulement 14 coups, il verra qu'elle fut la seconde condition du « miracle ».

41. ... h5

L'analyse à domicile des Noirs n'allait pas plus loin !

42. ♕e2 ♕e3

42...♕g3 43.♘e4 ♗xe4 44.♕xe4 ♗e5 45.♔g1 ♕h2+ 46.♔f2 ♖d8 47.♔e2 ne constituait pas un gain plus simple : dans cette variante, les Blancs ont réussi à quelque peu consolider leur position. (Mais que penser de 42...♗e5, etc. ? J. Estrine[19].)

43.	♕xe3	dxe3
44.	♘d1	♖c8

Une incroyable erreur de calcul ! Les Noirs n'ont pas vu qu'après 45.♘xe3 ♖c3, les Blancs pouvaient sauver leur pion h au moyen de 46.♗d3. Un gain élémentaire s'obtenait pour les Noirs par 44...♗d4 45.♖e1 f5 46.♘xe3 f4 47.♘d1 f3 48.♗f1 ♖c8 49.c4 fxg2+ 50.♗xg2 ♗xg2+ 51.♔xg2 ♖xc4 suivi de 52...♖xa4 (indiqué après la partie par mon secondant Goldberg).

45. ♘xe3

Ainsi, les Blancs ont rétabli l'équilibre matériel bien que la puissante paire de Fous et la faiblesse du pion a4 laissent encore un net avantage aux Noirs. À présent, les Noirs doivent se creuser les méninges, serrer les dents et se remettre au travail pour gagner cette partie une seconde fois.

45. ... ♖c3

Les Noirs dévient le Fou de la case b5, car après le recul du Fou, le coup c2-c4 ne sera plus une si bonne idée en raison de la faiblesse du pion a4.

46. ♗d3 ♖c5

Évidemment pas 46...♖a3 en raison de 47.♘c4 ♖xa4 48.♘b6.

47.	♘c4	♖g5
48.	♖f2	♗c6

Pressés par le temps, les Noirs déclinent la suite 48...♗d4 49.♖d2 ♗c6 50.♘d6 en faveur de quelque chose de plus simple.

---

[19] La proposition de J. Estrine, 42...♗e5, n'est guère judicieuse en raison de la défense tactique 43.♘g4! (note de l'éditeur francophone).

Partie n° 13

49. ♘d6

Parant la menace 49...♗xa4 qui serait réfutée par 50.♖xf6 ♔xf6 51.♘e4+ ♔f5 52.♘c5+ et les Blancs sont mieux.

49.	...	♖e5
50.	♘c4	♖g5

Une autre possibilité était 50...♖e1+ 51.♖f1 ♖xf1+ 52.♗xf1 ♗xa4 53.♘xa5 ♗xc2 qui, malgré le matériel réduit, donnerait d'excellentes chances aux Noirs de l'emporter en raison de la mauvaise position du Roi blanc. Les Noirs déclinent ce gain de pion, préférant conserver en vie leur propre pion a.

51.	♘d6	♖d5
52.	♘b5	♖e5
53.	♖e2	

La menace était ...♗f6-e7-c5. En échangeant eux-mêmes les Tours, les Blancs réduisent les possibilités d'attaque des Noirs. Cependant, cela permet aussi aux Noirs de jouer plus facilement alors qu'ils sont en crise de temps.

53.	...	♖xe2
54.	♗xe2	♗e7
55.	♔g1	

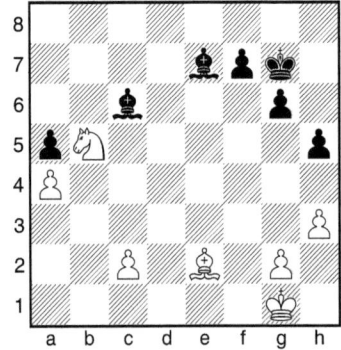

Évidemment qu'après 55...f5 56.♔f2 ♔f6 57.♗f3 ♗e8, les Noirs avec leur paire de Fous actifs, le Roi centralisé et une majorité de pions à l'aile roi auraient eu toutes sortes de possibilités de l'emporter. Dans la position ainsi obtenue, mon esprit fut accaparé par le problème suivant : quel pion passé (après ...g6-g5-g4) gagnera une pièce le plus rapidement : le pion f ou le pion h ? Le pion f semble être le meilleur candidat, car les Noirs peuvent contrôler la case de promotion (f1) aussi bien depuis la diagonale a6–f1 que depuis la diagonale h3–f1.

Imaginez ma surprise lorsque l'arbitre, Gideon Ståhlberg, s'est approché de l'échiquier pour m'informer que les Noirs étaient tombés au temps ! Avec deux minutes restantes pour effectuer mes deux derniers coups avant le contrôle du temps, j'ai oublié la pendule et j'ai dépassé le temps imparti. Voilà qu'elle a été la seconde condition pour la réalisation du « miracle » !

Évidemment, de tels incidents sont très rares, certainement une seule fois dans la vie d'un joueur d'échecs. Néanmoins, les Noirs se virent attribuer une défaite.

Cet incident troubla considérablement Ståhlberg qui put constater que le règlement des échecs interdisant à l'arbitre d'attirer l'attention du joueur concernant une défaite éventuelle par dépassement du temps imparti avait besoin d'être révisé[20]. Ainsi, quand Ståhlberg arbitra les championnats du monde suivant, il fit insérer un amendement dans le règlement de la compétition autorisant l'arbitre à pouvoir avertir un joueur, une fois par partie, de l'imminence du dépassement du temps imparti.

Naturellement, cette victoire inespérée dopa le moral de Smyslov. À la fin du match, il avait réussi à re-

---

[20] Vraiment ? Cf. la partie n° 7, Reshevsky – Botvinnik, pour un point de vue diamétralement opposé dans la même situation ! (Jim Marfia, le traducteur anglophone).

Partie n° 13

prendre un point supplémentaire. Cela fut toutefois insuffisant pour sauver le match et conserver son titre de champion.

Partie Smyslov – Botvinnik durant leur match retour de championnat du monde, Moscou 1958.

Partie n° 14

PARTIE N° 14 : LA MÉMOIRE D'UN JOUEUR D'ÉCHECS

Y. Aloni – M. Botvinnik, Tel Aviv novembre 1964

C'était ma septième et dernière Olympiade d'échecs. Après avoir perdu le match contre Petrossian[21], j'ai bien évidemment joué au deuxième échiquier de l'équipe d'URSS. Bien que tous les points gagnés par l'équipe soient additionnés, le deuxième échiquier ne porte pas sur ses épaules le fardeau d'une responsabilité aussi grande que le premier. Cela permet certaines « libertés ». Contre le maître Aloni, je me suis accordé le droit de jouer une partie « légère ».

Aloni, Yoel – Botvinnik, Mikhaïl
XVIᵉ Olympiade (Israël - URSS), Tel Aviv novembre 1964
Défense Benoni [E71]

---

1. d4 ♘f6
2. c4 c5

Les Noirs visent clairement à jouer une partie aiguë.

3. d5 g6
4. ♘c3 d6
5. e4 ♗g7
6. h3

Ce coup est sans doute prématuré. 6.♗d3 serait plus logique, mais la théorie des ouvertures n'a jamais été le point fort du maître Aloni.

---

[21] Botvinnik fait référence au match de championnat du monde de 1963 où il perdit définitivement son titre contre Tigran Petrossian (note de l'éditeur francophone).

Partie n° 14

6.	...	0-0
7.	♗e3	e6
8.	dxe6	

Les Noirs n'ont plus de problèmes d'ouverture après cet échange qui leur donne un tempo pour développer leur Fou dame et finir leur mobilisation.

8.	...	♗xe6
9.	♘f3	♕a5

Puisque les Blancs ne peuvent pas roquer tout de suite, ce coup, avec la menace qu'il crée contre le pion e4, coule de source.

10.	♕d2	♘c6
11.	♗e2	♘d7!

La manœuvre ...♘f6-d7-e5 permet de se débarrasser de la faiblesse en d6 tout en créant une position presque symétrique.

12.	0-0	♘de5
13.	♘xe5	

13.♕xd6 ne donnerait rien de bon pour les Blancs. Les Noirs pourraient répliquer 13...♘xf3+ 14.gxf3 ♘d4 ou immédiatement 13...♘xc4.

13.	...	dxe5

13...♘xe5 14.♕xd6 ♘xc4 15.♗xc4 (ou 15.♕xc5 ♕xc5 16.♗xc5 ♖fc8) 15...♗xc4 16.♖fd1 simplifierait la partie. J'étais très curieux de voir comment Aloni, un joueur ayant clairement un style d'attaquant, tenterait d'attaquer une telle position en « béton armé ».

14.	♖ad1	♘d4
15.	♗d3	

Partie nº 14

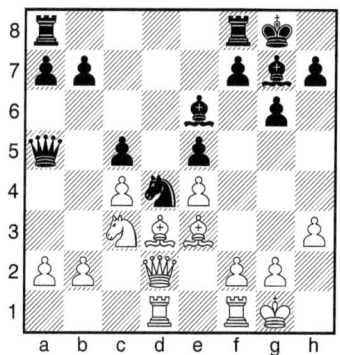

Ma spéculation était correcte. Les Blancs dédaignent la variante tranquille 15.♘d5 avec égalité (car 15...♕xa2? serait mauvais en raison de 16.♗xd4 suivi de 17.♖a1 ♕b3 18.♖a3) et prépare au lieu de cela l'échange du Fou de cases noires avec 16.♗h6 (l'immédiat 15.♗h6 était impossible en raison de 15...♘xe2+ 16.♘xe2 ♕xd2 17.♗xd2 ♗xc4). Il est difficile de savoir si mon adversaire a oublié le coup suivant qui perd un pion ou s'il avait l'intention de le sacrifier. La seconde option me paraît plus probable, car son jeu à partie d'ici est à la fois intéressant et dynamique.

15. ... ♗xh3!
16. b4!

16.♗xd4 exd4 17.gxh3 dxc3 laisserait un avantage positionnel et matériel aux Noirs.

Les Blancs donnent temporairement un autre pion, mais prennent l'initiative.

16. ... cxb4

16...♕xb4 17.♖b1 ♕a5 18.♖xb7 ne m'a pas plu, car cela laisserait le contrôle de la colonne b aux Blancs.

17. ♘d5 ♗g4

Ce coup semble seulement favoriser l'initiative blanche. Je pensais que les Noirs pouvaient jouer

Partie n° 14

17...♗d7, remarquant trop tard que les Blancs pouvaient alors jouer 18.a3! avec une partie active (si 18...♕xa3?, alors 19.♗xd4 exd4 20.♖a1 ♕b3 21.♖fb1).

Le coup de la partie gagne un temps afin de parer a2-a3.

| 18. | ♖b1 | ♕d8 |

Sinon 19.a3 est désagréable.

19.	♗xd4	exd4
20.	♖xb4	b6
21.	a4!	

Menaçant 22.a5 qui soit récupère le pion soit crée un fort pion passé c. Les Noirs trouvent la seule parade possible : créer du contre-jeu à l'aile roi.

21.	...	f5
22.	exf5	♗xf5
23.	a5	bxa5

Constitue le dernier espoir de gagner la partie, lequel est fondé sur un piège psychologique : mon adversaire allait-il se précipiter pour récupérer un des pions immédiatement ?

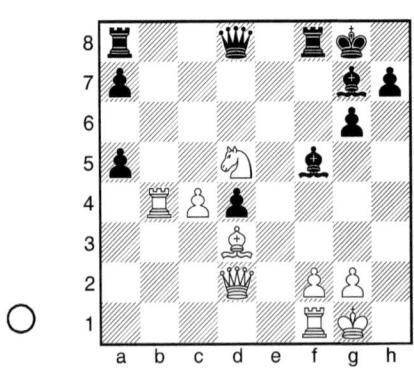

| 24. | ♖b5 |

Et c'est ce qu'il fait. Aloni manque le coup le plus fort, 24.♖b7!, après lequel les Noirs ne peuvent quasiment plus espérer l'emporter, ni après 24...♗xd3 25.♕xd3 ♖f7 26.♖xf7 ♔xf7 27.♕f3+ ♔g8 28.c5 ♖c8 29.c6, ni après 24...♕h4 25.g3 ♕g4 26.♔g2! menaçant 27.♘e7+ suivi de 28.♖h1 et les Blancs ne risqueraient plus rien. En fait, ce serait même aux Noirs de jouer pour la nulle.

À présent, les Noirs parviennent à doubler leurs Tours sur la colonne f, ce qui est quasiment décisif.

24.	...	♗xd3
25.	♕xd3	♕h4
26.	g3	

Cet affaiblissement n'était pas nécessaire, mais les Blancs souhaitaient libérer leur Tour de la tâche de défendre le pion f.

26.	...	♕g4
27.	♖e1	

Une tentative désespérée pour chercher à échapper à l'inéluctable. Après 27.♔g2 ♖f7! (à présent, nous comprenons pourquoi les Blancs auraient dû jouer leur Tour en b7 !) suivi de ...♖af8, la situation blanche serait sans espoir.

27.	...	♖f3
28.	♕b1	♖af8
29.	♖e4	

Ce coup constitue l'ultime chance des Blancs : la Dame noire n'a aucune case pour reculer (par exemple si 29...♕h3, alors 30.♘e7+ ♔h8 31.♘xg6+ hxg6 32.♖h4+[22]). Mais les Noirs ne sont pas obligés de reculer.

29.	...	♖xg3+
30.	fxg3	♕xg3+
31.	♔h1	d3!

---

[22] Ou bien 29...♕d7 30.♘e7+ ♔h8 31.♘xg6+ hxg6 32.♖h4+ ♔g8 33.♕xg6+- (note de l'éditeur francophone).

Partie n° 14

Ce coup, comme le grand maître Aleksandr Toloush aimait à le dire, isole les troupes de leurs chars : la Dame blanche se retrouve temporairement mise hors jeu.

L'avance du pion d est une mauvaise nouvelle pour les Blancs (à ce propos, l'élimination de son bloqueur était l'un des buts du coup 21...f5).

32.	♘e7+	♚h8
33.	♕e1	♛h3+
34.	♔g1	d2!

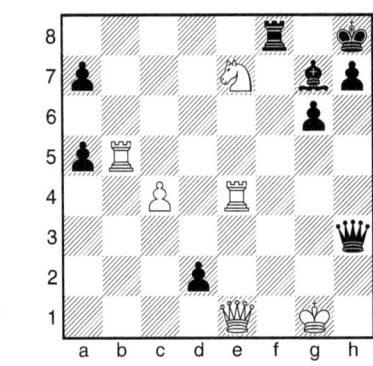

C'est la fin : le pion d est devenu si puissant qu'aucune des contre-menaces blanches n'est en mesure de le contrebalancer.

35.	♘xg6+	hxg6
36.	♕h4+	

Le drame pour les Blancs est qu'après 36.♖h4+ ♚g8!, la case e6 est défendue et ce sont eux qui se font mater.

| 36. | ... | ♚g8![23] |

Les Blancs abandonnent, car après 37.♕xh3 les Noirs matent par 37...d1♕+ 38.♔h2 ♖f2+ 39.♔g3

---

[23] Mais pas 36...♕xh4? 37.♖xh4+ ♚g8 38.♖d5 et la position est nulle (note de l'éditeur francophone).

Partie n° 14

♕g1+ 40.♔h4 ♗f6+ 41.♖g5 ♗xg5 mat, et 37.♖b1 est réfuté par 37...♕b3!

Quelle anecdote amusante se cache derrière cette partie dynamique ?

En 1973, durant une tournée en Allemagne de l'Est, je me suis rendu à Siegen où s'était déroulée l'Olympiade de 1970. J'y ai visité un centre informatique où les joueurs d'échecs locaux ont décidé de me faire passer un test de mémoire. La position finale de ma partie contre Aloni a été placée sur un échiquier mural de démonstration et on m'a demandé si cette position me rappelait quelque chose. J'ai senti que cette position m'était très familière, mais je ne l'ai pas reconnue immédiatement. La raison en est simple : j'avais les Noirs contre Aloni et en voyant la position du côté des Blancs, il m'était bien plus difficile de la reconnaître. Un exemple intéressant du mode de fonctionnement particulier de la pensée d'un joueur d'échecs !

L'ex-premier ministre d'Israël, David Ben Gourion, remet le trophée à l'équipe d'URSS lors de l'Olympiade de 1964 à Tel Aviv. On reconnaît Mikhaïl Botvinnik, Alexandre Kotov et Leonid Stein.

Partie n° 15

PARTIE N° 15 : UNE TRISTE HISTOIRE

D. Šahović – M. Botvinnik, Belgrade novembre 1969

C'était mon premier tournoi à Belgrade, et ça devait être mon avant-dernier tournoi. Quelques mois auparavant, j'avais pris la décision de mettre un terme à ma participation à des tournois à partir du printemps 1970.

Cela s'est avéré être une erreur psychologique funeste. Après avoir pris cette décision, je n'arrivais plus à jouer de la même manière qu'auparavant. Sachant que j'allais bientôt me retirer des échecs, j'ai eu du mal à me préparer pour les tournois, ou même seulement à essayer de le faire : après tout, cela n'aurait bientôt plus d'importance. Ainsi, les trois tournois auxquels j'ai participé après ma décision – ce tournoi, le « match du siècle » et Lyde en 1970 – ne m'ont pas particulièrement souri.

Malgré tout, lors de la fin du tournoi de Belgrade, j'ai mis les bouchées doubles et j'étais très déterminé à prendre un point entier à Šahović.

Šahović, Dragutin – Botvinnik, Mikhaïl
Belgrade, novembre 1969
Défense Caro-Kann [B15]

---

1. e4 c6
2. d4 d5
3. ♘c3 g6
4. h3

Un coup très logique. Les Blancs empêchent ...♗g4 qui aurait pu être la réponse noire à 4.♘f3.

Il convient toutefois de remarquer que le choix de l'ouverture des Noirs n'était pas heureux. En effet, on ne peut jouer la défense Caro-Kann avec les Noirs avec l'espoir d'un gain que contre un adversaire enclin à l'agressivité. Or dans cette partie, Šahović jouait clairement pour une nulle.

4.	...	dxe4
5.	♘xe4	♗g7
6.	♘f3	♗f5
7.	♘g3	♘f6

Les Noirs sont prêts à renoncer à leur Fou de cases blanches. J'avais déjà utilisé ce système auparavant, par exemple lors de la XVe Olympiade (Varna 1962) contre Johansson, mais j'avais continué dans cette partie par 7...♘d7 8.♗c4 ♘gf6 9.♕e2 e6 10.♗b3, avec un petit avantage pour les Blancs. Le défaut principal de cette variante est qu'une fois que le pion noir g6 est en f5, les Blancs peuvent ouvrir le jeu quand ils en ont envie en jouant g2-g4.

8.	♘xf5	gxf5
9.	♗d3	e6
10.	♕e2	c5

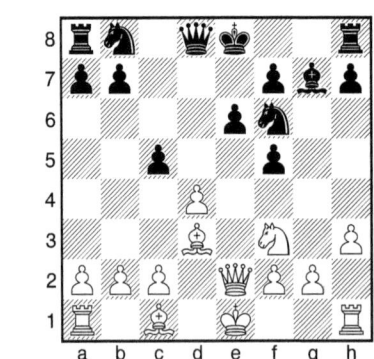

Les Noirs n'ont pas peur de 11.♗xf5, car 11...cxd4 leur donnerait une bonne partie.

Partie n° 15

11.	dxc5	♛a5+
12.	♗d2	♛xc5
13.	♗c3	♞c6
14.	0-0-0	0-0-0

Les Noirs ont résolu leurs problèmes d'ouverture de manière satisfaisante, mais n'ont rien obtenu de plus que cela. La volonté de vouloir gagner cette partie à tout prix (pour des raisons sportives bien évidemment !) était manifestement insuffisante...

15.g4!

Šahović saisit parfaitement les subtilités du système et trouve à présent ce coup ennuyeux pour les Noirs.

15.	...	♞e8!

Ce n'est qu'en défendant le pion f5 de cette manière que les Noirs peuvent maintenir l'équilibre.

16.	♗xg7	♞xg7
17.	♛e3	

Étant donné que les Noirs essaient d'activer leurs pièces à l'aile roi avec ...h7-h5, ainsi qu'à l'aile dame en menaçant ...♞c6-b4, mon adversaire décide de forcer la nulle aussi vite que possible plutôt que de croire dans sa position et d'essayer de gagner.

17.	...	♛xe3+
18.	fxe3	fxg4
19.	hxg4	h5

Les Noirs sont obligés de poursuivre les échanges à la chaîne même si cela conduit à une simplification de la position, afin de ne pas tomber dans une finale inférieure.

20.	gxh5	♜xh5
21.	♜xh5	♞xh5
22.	♞g5	

Partie n° 15

Dans cette position, les Noirs auraient pu protéger le pion par 22...♖d7, ce qui aurait conduit à une nulle facile après 23.♘xf7 ♖xf7 24.♗g6 ♖f3 25.♗xh5 ♖xe3. Cependant, j'ai découvert un piège astucieux et je l'ai joué immédiatement (à cette époque, le maître yougoslave n'avait pas encore acquis beaucoup d'expérience).

**22. ...	♘e5**

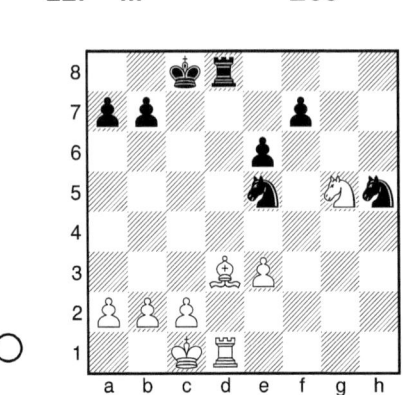

C'était bien sûr mon dernier espoir dans cette partie et une très bonne opportunité d'améliorer mon classement dans le tournoi. Afin que mon adversaire n'ait aucune possibilité de deviner le piège que je lui avais tendu, même pas à partir de mon expression faciale, je me suis levé et me suis placé derrière lui pour observer l'échiquier depuis le point de vue d'un spectateur. De cette façon aussi, je m'assurais qu'aucune autre personne, même accidentellement, ne lui mettrait la puce à l'oreille.

Ainsi, je suis demeuré derrière Šahović en pensant : « va-t-il voir qu'il peut " gagner " un pion dans cette position avec 23.♘xf7 ♘xf7 24.♗g6 ? J'espérais qu'il le fasse, car alors je jouerais 24...♘g3 et, qu'il réplique aussi bien par 25.♗xf7 ♘e2+ que par 25.♖xd8+ ♘xd8, je serais gagnant et il n'aurait plus d'autre choix que d'abandonner. »

Après quelques minutes, l'instant fatidique ! La main de Šahović s'avance résolument vers son Cavalier, il va le saisir, c'est sûr... Mais, à cet instant précis, la voix d'un de mes rivaux retentit dans mon dos : « Eh eh, comme tu es malin, n'est-ce pas ! » Il semblait que je n'étais pas le seul à m'intéresser à ce que Šahović allait jouer...

Šahović suspendit aussitôt son geste et recula sa main, presque à regret semblait-il. Sa main ne s'est plus jamais approchée à nouveau du Cavalier.

**23. ♖h1
Partie nulle par accord mutuel.**

Cette partie me coûta non seulement un précieux demi-point, mais aussi quelque chose de bien plus précieux : une amitié. Cet ami était une personne dont j'avais toujours tenu les compétences échiquéennes en haute estime et pour lequel j'avais une sympathie sincère. J'ai du mal à comprendre pourquoi il a agi de la sorte. L'a-t-il fait dans le but d'obtenir un prix plus élevé au classement ou bien cela s'est-il produit fortuitement dans le feu de l'action ?

Une triste histoire vraiment !

Annexe

ANNEXE
(PAR L'ÉDITEUR FRANCOPHONE)

Dans ses parties, Botvinnik fait référence à plusieurs autres parties. Il nous a semblé intéressant de réunir ces parties dans le présent annexe.

1) Concernant la partie n° 4

Botvinnik mentionne, au commentaire du 13e coup blanc, une partie contre Bronstein et une autre contre Reshevsky. Voici ces deux parties :

> **Bronstein, David – Botvinnik, Mikhaïl**
> *Match du championnat du monde, 8e partie, Moscou avril 1951*
> Défense semi-slave [D49]

1.d4 d5 2.c4 c6 3.♘c3 ♘f6 4.♘f3 e6 5.e3 ♘bd7 6.♗d3 dxc4 7.♗xc4 b5 8.♗d3 a6 9.e4 c5 10.e5 cxd4 11.♘xb5 ♘xe5 12.♘xe5 axb5 13.♕f3 ♗b4+ 14.♔e2 ♖b8 15.♘c6 ♗b7 16.♗f4 ♗d6 17.♘xd8 ♗xf3+ 18.♔xf3 ♖xd8 19.♗xb5+ ♔e7 20.♗d2 ♖b8 21.a4 ♘d5 22.b3 f5 23.♖hc1 e5 24.♔e2 e4 25.♖c6 ♖hc8 26.♖ac1 ♖xc6 27.♖xc6 ♖b6 28.♖xb6 ♘xb6 29.a5 ♘d5 30.a6 ♗c5 31.b4 ♗a7 32.♗c6 ♔d6 33.♗b7 h6 34.h4 g5 35.hxg5 hxg5 36.♗xg5 ♘xb4 37.♗c8 ♔e5 38.♗d2 ♘d5 39.♗b7 ♘c3+ 40.♗xc3 dxc3 41.g3 ½-½

> **Reshevsky, Samuel – Botvinnik, Mikhaïl**
> *Match URSS – USA, Moscou juin 1955*
> Défense semi-slave [D49]

1.d4 d5 2.c4 e6 3.♘c3 c6 4.♘f3 ♘f6 5.e3 ♘bd7

Annexe

6.♗d3 dxc4 7.♗xc4 b5 8.♗d3 a6 9.e4 c5 10.e5 cxd4 11.♘xb5 ♘xe5 12.♘xe5 axb5 13.♕f3 ♕a5+ 14.♔e2 ♗d6 15.♕c6+ ♔e7 16.♗d2 b4 17.♕xd6+ ♔xd6 18.♘c4+ ♔d7 19.♘xa5 ♖xa5 20.♖hc1 ♗a6 21.♗xa6 ♖xa6 22.♖c4 ♘d5 23.♖xd4 ♖b8 24.♔d3 h5 25.♔c4 b3 26.a4 ♖c6+ 27.♔d3 ♖c2 28.♖b1 ♖bc8 29.a5 ♖8c6 30.♔e2 ♖d6 31.♔e1 ♘c7 32.♖xd6+ ♔xd6 33.♗c3 f6 34.♖a1 ♘a6 35.♖a3 ♔c7 36.♖xb3 ♘c5 37.♖b5 ♘a4 38.♗d4 e5 39.♔d1 ♖c4 40.♗e3 ♔c6 41.♖b8 ♔c7 1-0

2) Concernant la partie n° 5

Botvinnik mentionne, au commentaire du 19ᵉ coup noir, une partie contre Alexander. Voici cette partie :

Botvinnik, Mikhaïl – Alexander, Conel Hugh
Match par radio URSS – Grande-Bretagne, juin 1946
Défense nimzo-indienne [E49]

1.d4 ♘f6 2.c4 e6 3.♘c3 ♗b4 4.e3 d5 5.a3 ♗xc3+ 6.bxc3 c5 7.cxd5 exd5 8.♗d3 0-0 9.♘e2 b6 10.a4 ♗a6 11.♗xa6 ♘xa6 12.♗a3 ♖e8 13.♕d3 c4 14.♕c2 ♕d7 15.0-0 ♘b8 16.♖ae1 ♘c6 17.♘g3 ♘a5 18.f3 ♘b3 19.e4 ♕xa4

La position du diagramme dans le commentaire de Botvinnik est atteinte.

20.♕b2 a5 21.e5 b5 22.♗d6 ♖e6 23.exf6 ♖xd6 24.fxg7 b4 25.♖e5 ♖e8 26.f4 ♕d7 27.♕e2 ♖de6 28.f5 ♖xe5 29.dxe5 bxc3 30.f6 ♕a7+ 31.♔h1 ♘d4 32.♕e3 ♖a8 33.♕xc3 a4 34.♕xd4 ♕xd4 35.♘f5 h5 36.♘xd4 ♖e8 37.♘f5 d4 38.e6 1-0

Annexe

3) Concernant la partie n° 6

Botvinnik mentionne, au commentaire du 40ᵉ coup noir, une partie de Lasker contre Rubinstein. Voici cette partie :

> **Lasker, Emanuel – Rubinstein, Akiba**
> *Tournoi international de Saint-Pétersbourg, avril 1914*
> Partie espagnole [C82]

1.e4 e5 2.♘f3 ♘c6 3.♗b5 a6 4.♗a4 ♘f6 5.0-0 ♘xe4 6.d4 b5 7.♗b3 d5 8.dxe5 ♗e6 9.c3 ♗c5 10.♘bd2 0-0 11.♗c2 ♘xd2 12.♕xd2 f6 13.exf6 ♖xf6 14.♘d4 ♘xd4 15.cxd4 ♗b6 16.a4 ♖b8 17.axb5 axb5 18.♕c3 ♕d6 19.♗e3 ♗f5 20.♖fc1 ♗xc2 21.♖xc2 ♖e8 22.♖ac1 ♖fe6 23.h3 ♖e4 24.♕d2 ♖8e6 25.♖c6 ♕d7 26.♖xe6 ♕xe6 27.♕d3 ♕e8 28.♕c3 ♔f7 29.♕d3 ♔g8 30.♕c3 ♕e6 31.♖a1 ♕e8 32.♔f1 h6 33.♕d3 ♔f7 34.♖c1 ♔g8 35.♕b3 ♕f7 36.♖d1 c6 37.f3 ♕f6 38.♕d3 ♖e7 39.♗f2 ♕d6 40.♕c2 ♔f7 41.♖c1 ♖e6 42.♕f5+ ♖f6 43.♕e5 ♖e6 44.♕xd6 ♖xd6 45.♔e2 ♔e7 46.♔d3 ♖g6 47.g3 ♖f6 48.f4 ♔d7 49.♖e1 ♖f8 50.♖a1 h5 51.♗e3 g6 52.♖f1 ♔d6 53.g4 hxg4 54.hxg4 c5 55.dxc5+ ♗xc5 56.♗xc5+ ♔xc5 57.f5 gxf5 58.gxf5 ♖f6

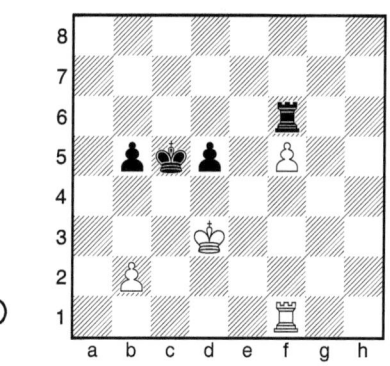

137

Annexe

La position de finale à laquelle Botvinnik fait allusion dans son commentaire.

59.♖f4 b4 60.b3 ♖f7 61.f6 ♔d6 62.♔d4 ♔e6 63.♖f2 ♔d6 64.♖a2 ♖c7 65.♖a6+ ♔d7 66.♖b6 1-0

4) Concernant la partie n° 7

Botvinnik mentionne, au commentaire du 5ᵉ coup noir, une partie contre Alexander qui lui a fait perdre le goût pour le coup 5...♗xc3+ dans la variante Winawer de la défense française. Voici cette partie :

Alexander, Conel Hugh – Botvinnik, Mikhaïl
Match par radio URSS – Grande-Bretagne, juin 1946
Défense française [C18]

1.e4 e6 2.d4 d5 3.♘c3 ♗b4 4.e5 c5 5.a3 ♗xc3+ 6.bxc3 ♘e7 7.♕g4 cxd4 8.♕xg7 ♖g8 9.♕xh7 ♕a5 10.♖b1 ♕xc3+ 11.♗d2 ♕c7 12.f4 ♘bc6 13.♘f3 ♗d7 14.♘g5 ♖xg5 15.fxg5 0-0-0 16.♕xf7 ♕xe5+ 17.♔d1 ♘f5 18.g6 ♘e3+ 19.♔c1 ♕e4 20.♗d3 ♕xg2 21.♖e1 ♘e5 22.♕f4 ♘f3 23.♖e2 ♕h3 24.♗xe3 e5 25.♕f7 dxe3 26.g7 ♕g4 27.h3 ♕g1+ 28.♔b2 ♕g3 29.♗g6 ♘d4 30.g8♕ ♖xg8 31.♕xg8+ ♔c7 32.♕h7 ♔d6 33.♗d3 e4 34.♕h6+ ♔c7 35.♖xe3 ♕e5 36.♔a2 ♘f5 37.♕g5 ♗e6 38.♗e2 d4+ 39.♖eb3 b5 40.♕d2 d3 41.♗g4 1-0

5) Concernant la partie n° 11

Botvinnik mentionne, au commentaire du 8ᵉ coup noir, une partie contre Ragozine. Voici cette partie :

Annexe

> **Botvinnik, Mikhaïl – Ragozine, Viatcheslav**
> XIe *championnat d'URSS, Léningrad 1939*
> Défense hollandaise [A94]

1.♘f3 e6 2.c4 f5 3.g3 ♘f6 4.♗g2 d5 5.0-0 c6 6.b3 ♗d6 7.d4 0-0 8.♗a3 ♗xa3 9.♘xa3 ♘bd7 10.♘c2 ♕e8 11.cxd5 exd5 12.♘b4 ♘e4 13.e3 a5 14.♘d3 ♔h8 15.♕c2 ♕h5 16.♘fe5 ♘xe5 17.dxe5 ♘g5 18.f3 ♘e6 19.f4 ♗d7 20.♘c5 ♘xc5 21.♕xc5 ♕f7 22.a3 ♖fb8 23.b4 b6 24.♕c3 ♕e8 25.♖fc1 axb4 26.axb4 ♖xa1 27.♕xa1 ♖a8 28.♕d4 b5 29.♖a1 ♖xa1+ 30.♕xa1 ♕b8 31.♕a5 ♔g8 32.♔f2 ♔f7 33.♔e2 ♔e7 34.♗f3 ♕b7 35.h3 ♗e6 36.♔d3 ♔e8 37.♔d4 ♕e7 38.♔c3 ♕b7 39.♔d3 g6 40.g4 h6 41.♔d4 g5 42.♗e2 ♔f7 43.♗d3 fxg4 44.hxg4 ♗xg4 45.f5 h5 46.e6+ ♔e7 47.♔c5 ♗f3 48.♕a1 d4 49.e4 ♕c7 50.♕a8 ♗d1 51.♔xd4 ♕d6+ 52.♔c3 ♗a4 53.♕a7+ ♔f6 54.♕f7+ ♔e5 55.♕g7+ ♔f4 56.e7 ♕d7 57.f6 ♕e6 ½-½

6) Concernant la partie n° 15

Botvinnik mentionne, au commentaire du 7e coup noir, une partie contre Johansson. Voici cette partie dans sa totalité :

> **Johansson, Martin – Botvinnik, Mikhaïl**
> XVe *Olympiade (Suède - URSS), Varna septembre 1962*
> Défense Caro-Kann [B15]

1.e4 c6 2.♘c3 d5 3.♘f3 g6 4.d4 ♗g7 5.h3 dxe4 6.♘xe4 ♗f5 7.♘g3 ♘d7 8.♗c4 ♘gf6 9.♕e2 e6 10.♗b3 a5 11.c3 0-0 12.a4 c5 13.0-0 ♕c7 14.♗e3 ♖ac8 15.♘xf5 gxf5 16.dxc5 ♘xc5 17.♗c2 ♘d5 18.♗d4 ♘f4 19.♕e3 ♘g6 20.♖fe1 ♖fd8 21.♖ad1 ♘d7 22.♗xg7 ♔xg7 23.♘d4 ♘f6 24.♗b3 ♔h8 25.♘b5 ♕e7 26.♕g5

Annexe

♘e8 27.♕xe7 ♘xe7 28.g3 ♔g7 29.♔g2 ♘c6 30.f4 h5 31.♖xd8 ♘xd8 32.♗d1 ♘f6 33.♗f3 ♔f8 34.♖d1 ♔e7 35.♖d4 ♘c6 36.♖d1 ♘d8 37.♖d4 ♖c5 38.♘d6 b6 39.♘b5 ♘c6 40.♖d1 ♘b8 41.♖d4 ½-½

Autres titres parus dans la collection
Histoire du jeu d'échecs

Tous les titres de la collection *Histoire du jeu d'échecs* sont disponibles sur commande dans n'importe quelle librairie. Les titres sont également disponibles de manière privilégiée dans la librairie internet de l'éditeur BOD : www.bod.fr/librairie.
Les titres sont également disponibles sur tous les sites de vente de livres en ligne (www.amazon.fr, www.decitre.fr, www.chapitre.com, www.uculture.fr, www.placedeslibraires.fr, www.fnac.com, www.cultura.com, etc.).

> Site internet : www.histoireechecs.1s.fr
> Contact : histoiredesechecs@gmail.com

Autres titres déjà parus

- Philippe Stamma, *Les cent fins de parties de Philippe Stamma*. ISBN : 978-2-3220-4370-5.

- José Raúl Capablanca, *Ma Carrière échiquéenne*. ISBN : 978-2-322-09661-9.

- Eugène Znosko-Borovsky, *Comment il ne faut pas jouer aux échecs. Édition augmentée entièrement revue*. ISBN : 978-2-322-13296-6.

- Aaron Nimzowitsch, *Ma victoire à Carlsbad en 1929 ou le triomphe de mon système*. ISBN : 978-2-322-15769-3.

- Adolf Anderssen, *Gourmandises pour joueur d'échecs*. ISBN : 978-2-322-09960-3.

- Alexandre Alekhine, *New York 1927, le chant du cygne de Capablanca*. ISBN : 978-2-322-10429-1.

- Alekseï Souétine, *Les idées dans le début d'une partie d'échecs*. ISBN : 978-2-322-14667-3.

- Eugène Znosko-Borovsky, *Comment il faut commencer une partie d'échecs*. ISBN : 978-2-322-16666-4.
- Mikhaïl Tal, *Vie et parties de Mikhaïl Tal. Tome 1 : À la conquête du titre mondial !* ISBN : 978-2-322-09220-8.
- Mikhaïl Tal, *Vie et parties de Mikhaïl Tal. Tome 2 : Le temps des doutes et ma renaissance.* ISBN : 978-2-322-19125-3.
- Max Euwe, *Stratégie et tactique aux échecs.* ISBN : 978-2-322-22368-8.
- Alexandre Alekhine, *New York 1924, combat entre trois géants des échecs.* ISBN : 978-2-322- 25073-8.